U0640639

智慧仓储管理

李献士　刘思嘉　主编

中国财富出版社有限公司

图书在版编目（CIP）数据

智慧仓储管理／李献士，刘思嘉主编 . －－北京：中国财富出版社有限公司，2025.4. －－ ISBN 978 - 7 - 5047 - 8415 - 5

Ⅰ . F253 - 39

中国国家版本馆 CIP 数据核字第 2025DB0219 号

策划编辑	雷晓玲	责任编辑	徐 妍	版权编辑	武 玥
责任印制	苟 宁	责任校对	杨小静	责任发行	敬 东

出版发行	中国财富出版社有限公司				
社 址	北京市丰台区南四环西路 188 号 5 区 20 楼		邮政编码	100070	
电 话	010 - 52227588 转 2098（发行部）		010 - 52227588 转 321（总编室）		
	010 - 52227566（24 小时读者服务）		010 - 52227588 转 305（质检部）		
网 址	http://www.cfpress.com.cn		排 版	义春秋	
经 销	新华书店		印 刷	北京九州迅驰传媒文化有限公司	
书 号	ISBN 978 - 7 - 5047 - 8415 - 5/F · 3806				
开 本	787mm×1092mm 1/16		版 次	2025 年 6 月第 1 版	
印 张	11.25		印 次	2025 年 6 月第 1 次印刷	
字 数	246 千字		定 价	42.00 元	

内容提要

　　智慧仓储管理是物流类专业的一门专业必修课程，以培养新时代背景下高素质物流技术技能型人才为导向，旨在提升学生的仓储操作能力和管理能力，从而提高学生的就业竞争力和综合素养。

　　全书共分八章，首先从智慧仓储的基本概念和行业现状出发，然后就智慧仓储规划管理、智慧仓储的软硬件系统、智慧仓储的作业管理、智慧仓储的现场管理、智慧仓储的库存管理、智慧仓储的安全管理、仓储商务与绩效管理进行了阐述。书中内容不仅体现了仓储理论的前沿性，也融合了最新的智慧仓储技术和案例，以确保教材内容的先进性。同时，每章的导入案例有机融入了众多思政元素，以实现润物无声的思政教育效果。

　　本书适合物流类专业（采购管理、物流管理、物流工程、供应链管理）本科生和物流工程与管理专业硕士生使用，同时，也可供仓储物流管理人员参考。

前　言

随着科技的发展和社会的变迁，国际供应链竞争加剧，仓储物流活动也在发生深刻的变化。智能化技术的应用和电商物流的发展也促使智慧仓储快速发展，新文科建设对大学课程也提出了新的思政教育要求，本书是在此背景下组织编写的。

大学毕业后，我有幸进入东北地区某国家储备库从事物流管理工作，三年的工作经历使我对物流和仓储工作的认识更加直接和深刻。由于当初单位本科生数量少，结合我大学所学的物流类专业，入职后单位让我在各部门轮岗。三年里，我工作过的岗位有化验岗、保管岗、运输管理岗、经营岗等，每个岗位都让我积累了不同的经验，工作的内容几乎涵盖了所有物流职能活动。那段工作经历也给了我几点启示：一是书到用时方恨少，大学的专业学习内容和实际工作内容还是会有差别，工作中会遇到不少难题，大学的专业积累为解决难题提供了思路。二是要勤思考、勤总结，工作过程中难免会犯错，也会遇到不知如何决策的情况，要善于总结经验，避免再犯同样的错误。三是要紧跟时代不断学习，不同的岗位需要的技术能力不同，面对的工作内容和管理对象也不同，各个岗位使用的物流知识也不同，这都需要在实践中不断学习，快速适应新岗位要求。四是安全永远第一位，工作性质决定了作业环节多、装卸搬运量大、人员多、设备使用也多，不安全现象不可完全避免。工作职责使我不断提高警惕，尽量避免发生事故。这段经历我在后来的教学活动中经常提起，目的是告诉学生真实的工作场景，教大家在大学如何学习和积累专业知识和技能，工作后如何实现从操作员到管理者的身份转变。

本书的特色包括以下几个方面。一是加入了智慧元素，我国的仓储业发展和仓储技术的应用参差不齐，但是智慧仓储是未来的发展方向，特别是在终端需求必须快速响应的要求下，仓储企业要紧跟时代步伐，实施和融入智慧化战略，本书在此方面算是抛砖引玉。二是内容上，智慧仓储的现场管理这一章是本人对实践工作的提炼。尽管现场管理实践与智慧化要求还存在距离，但这是在实际岗位上确实需要的内容，也弥补了一些教材内容的不足。三是加入了思政元素，每章的导入案例都是结合思政要点和本章内容来编写的，体现了新时代新文科建设的思政教育要求，提升了学生的政治素养。

感谢我的合作编者刘思嘉老师，也感谢我的四位研究生：王思沁、张泽明、贺腾飞、孙皓，他们也参与了本书的编写工作。本书由李献士制定大纲，并完成全文的统稿工作。具体各章节的编写分工：第一章（李献士、王思沁）、第二章（李献士、贺腾飞）、第三章（刘思嘉、张泽明）、第四章（李献士、张泽明、贺腾飞）、第五章（李献士、刘思嘉）、第六章（刘思嘉、王思沁）、第七章（李献士、孙皓）、第八章（刘思嘉、孙皓）。特别感谢北京络捷斯特科技发展股份有限公司以及汝知骏副总经理对本书的支持和提供的帮助，本书是校企合作的成果，为产教融合奠定了很好的基础。

感谢河北地质大学教务处对本书的大力支持，感谢河北地质大学课程思政项目"'仓储管理与库存控制'课程思政的探索与实践"（编号 2023J49）的支持。

感谢中国财富出版社有限公司，感谢黄正丽编辑，她的耐心和细心是本书得以顺利出版的关键助力。

本书参考了大量的著作，在此对这些著作的作者一并表示感谢。本书难免存在不足之处，希望读者批评指正，多提宝贵意见。

编　者
2025 年 4 月

目　录

第一章　智慧仓储管理概述

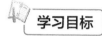

学习目标

- 掌握仓储、智慧仓储的概念。
- 掌握智慧仓储管理的概念和主要内容。
- 认识和理解仓储技术的发展历程。
- 了解仓储业发展现存的问题。
- 培养行业认同感和民族自豪感。
- 培养国际视野和创新意识。

导入案例

苏宁"无人仓"

2020年初新冠疫情发生后，由于人员聚集可能导致较高的感染风险，物流企业复工受到了人手不足和线上购物需求猛增的双重压力。作为提供春节不打烊服务的线上购物平台，苏宁为应对物流问题推出了行业领先的战"疫"奇兵——苏宁"无人仓"。苏宁"无人仓"已在苏宁雨花物流中心重点部署，面积超1000平方米，既能保障拣选效率，又能最大限度地减少人员接触，真正做到了全流程无接触配送。

苏宁"无人仓"以AGV（自动导引车）系统为核心载体，以自主研发的设备控制与调度平台为仓库大脑，结合无人叉车、无人包装机、机械臂等无人设备，组成了高效安全的战"疫"团队，保障了春节期间的用户购物需求。当接到用户下单信息之后，"无人军团"便开始作业，借助视觉导航技术的无人叉车可将货物精准上架接驳区；紧接着，AGV机器人通过智能路径规划、自主导航、自动避障等程序，将货物运输到机械臂拣选区。机械臂再通过自动化拆垛系统，将货物"轻柔"地放置在传送带上，经过自动包装和自动贴签处理，最终完成商品的快速出库。

数据显示，苏宁"无人仓"的商品拣选效率可以达到600件/小时，商品最快可达到20分钟完成出库全过程，单件商品拣选成本降低52%。苏宁"无人仓"在新冠疫情期间大显身手,更好地保障了一线员工的安全和苏宁配送体系的流畅高效运转,成为疫情下保障物流服务质量的一支"奇兵"。

讨论:列举说明你身边的科技改变生活的例子。

第一节　仓储概述

一、仓储的概念和分类

(一) 仓储的概念

仓储指利用仓库及相关设施设备进行物品的入库、储存、出库的活动。在仓库中,可以对货物进行储存、分类、包装、分拣等操作,以满足供应链的需求。

(二) 仓储的类型

1. 按仓储功能分类

(1) 储存仓储

储存仓储指在仓库或特定设施中对商品、原材料或成品进行长期或短期保存和管理的活动。这种仓储形式是为了保护货物免受损害、减少损失,并在需要时能够方便地取用或分发。

(2) 物流中心仓储

物流中心仓储指在物流中心内进行的货物储存和管理活动,这些活动涉及接收、保管、分类、拣选、打包和分发货物。物流中心作为一个综合性的物流节点,旨在提高货物流转效率,为供应链的顺畅运作提供支持。

(3) 配送仓储

配送仓储又称配送中心仓储,配送中心作为一个综合性的物流节点,旨在优化库存水平、满足用户订单需求、提高货物流转效率,并支持供应链顺畅运作。配送中心通常位于交通便利的地区,靠近主要的运输路线、机场或港口,以便货物的快速运输和分发。

(4) 运输中转仓储

运输中转仓储是在货物运输过程中的临时储存,储存时间相对较短。这种类型的仓储主要用于那些需要在运输途中暂停、分类、重新包装或等待进一步操作指令的货物。运输中转仓储为供应链提供了必要的缓冲时间,以应对生产波动、需求变化或运输延迟等问题。

(5) 保税仓储

保税仓储是指将保税货物及其他未办结海关手续的货物储存在保税仓库的仓储活动,通常用于国际贸易。

2. 按储存货物的类型分类

（1）通用仓储

通用仓储是不需要特殊保管条件的物品仓储。该仓储储存多种类型的货物，如一般的原材料、普通生活用品、普通工具等，具有较高的灵活性。

（2）专用仓储

专用仓储是针对有特殊保管要求和需要满足特殊条件的物品的仓储。该仓储专为特定类型的货物设计，如危险物品（需用防爆、防毒、液压等装置）、冷冻品等。

3. 按运营模式分类

（1）自营仓储

自营仓储指企业利用自己拥有、运营和管理的仓库设施进行的仓储活动，储存对象较为单一。这种类型的仓储通常用于储存企业自己的产品或原材料，以支持其生产和分销活动。储存物品的仓库为自有仓库。

自营仓储的优点：第一，可以根据企业特点来加强仓储管理。第二，可以依照企业的需要选择库址和修建所需设施。第三，长期仓储时成本会比较低。第四，可以为企业树立良好的形象。

自营仓储的缺点：第一，缺乏柔性化。由于自有仓库具有固定的规模和技术水平，在满足不同程度的顾客需求时，自有仓库缺乏一定的柔性。第二，财务方面的限制。由于建造仓库的成本比较高，对多数企业来讲，一般没有足够的资金来建造或购买仓库。第三，投资回报率较低。大多数情况下，自有仓库的投资回报率一般都较低。

（2）公共仓储

公共仓储指由独立仓储服务提供商（包括私人企业、公共机构等）利用其运营的仓库设施所开展的仓储活动。储存物品的仓库为公共仓库。公共仓库通常按租用空间和时间收费，为不同行业的企业提供灵活的储存解决方案。存货人与仓储服务提供商之间的服务通常基于合同，合同明确了双方的权利和义务。

公共仓储的优点：第一，减少投资资金。公共仓储的主要好处之一就是使用者不需要进行前期资本投资。减少了使用者在仓库、搬运设备、人力等方面的投资。第二，有更多的储存空间来满足高峰时的需求。相比自有仓库的空间限制，公共仓库能够让使用者获得更多的储存空间来满足高峰需求。第三，能够降低风险。物流设施设备通常有一定的生命期，自营仓储常会使所有者承受技术变革或者业务量变化而导致的设备报废风险。而使用公共仓储，使用者可以在短期内更换设施。第四，规模经济。公共仓储能获得规模经济。因为公共仓储能满足许多公司的需求，实现规模经济。第五，灵活性。如果企业因商业需求而需要改换仓储地点，公共仓储只需要使用短期合同就可以很容易适应市场变化。

公共仓储的缺点：第一，当货物流通量大时，保管费与自营仓储相比会较高。第二，所保管的货物需要遵守营业仓库的限制，对所储的物资种类和作业内容有限制。

（3）第三方仓储

第三方仓储指由专业的第三方物流服务提供商利用其运营和管理的仓库设施所开展的仓储活动。企业将货物的储存、管理和配送等环节外包给这些第三方物流服务提供商，以提高效率、降低成本和增强供应链的灵活性。第三方仓储侧重于提供全面的、定制化的物流服务，强调与客户的长期合作关系和供应链管理。

第三方仓储的优点：第一，有利于企业充分利用资源。第二，有利于企业扩大市场。第三，有利于企业进行新市场的测试。第四，有利于企业降低运输成本。缺点是采用该形式的仓储容易使企业对物流活动失去直接控制。

（4）战略储备仓储

战略储备仓储是指为应对国家安全、经济建设、抗灾救灾等重大需求而开展的仓储活动。战略储备仓储能够保障在战争、自然灾害、恐怖袭击等事件发生时，有足够的物资来维护社会稳定和经济正常运行。

二、仓储的功能

作为供应链中的关键节点，仓储对整个流程的效率和效果有直接影响。随着科技的发展与生产力水平的提高，仓储的功能已实现显著拓展，具体有以下功能。

（一）基本功能

基本功能指为了满足市场的基本储存需求，仓库所具有的基本的操作或行为。储存是仓储最基础的功能。储存指贮藏、保护、管理物品。

现代生产的一个重要特征就是专业化和规模化生产，劳动生产率极高，产量巨大，绝大多数产品不能被马上消费掉，需要经过仓储手段进行储存，这样才能避免生产过程的堵塞，保证生产过程顺利进行。此外，对于生产过程来说，适当的原材料、半成品储存，也可以防止因缺货造成的生产停顿。对于销售过程来说，尤其是季节性储存可以为企业的市场营销创造良机。所以，适当的储存也是市场营销的一种战略，它为商品的需求提供了缓冲和有力的支持。

生产的产品在消费之前必须保持其使用价值，否则就会被废弃。这项任务离不开仓储的有力支撑，在仓储过程中对产品进行保护和管理，防止损坏而丧失价值。因此，在仓储过程中要选择合适的储存场所，采取合适的养护措施。

（二）增值功能

增值功能是指通过高质量的作业和服务，使经营方或供需方获取额外利益，这个过程称为附加增值。这也是现代仓储中心与传统仓库的重要区别之一。

1. 流通加工

加工本来是生产的环节，但为了满足消费的多样化、个性化，同时为了严格控制成本，企业可以将产品的定型、分装、组装、包装等工序留到接近销售的仓储环节进行，这使仓储成为流通加工的重要节点。

2. 分类和转运

对生产而言，分类和转运就是仓库将来自生产制造商的组合订货进行分类或分割成个别订货，然后安排适当的运力运送到指定生产企业。对销售而言，仓库从多个制造商处运来整车货物，在收到货物后，按客户要求进行分类，或者按地点进行分类，或者将货物直接装到运输车辆上，运往指定的零售店，实现货物的分类和转运。

3. 配送

配送指设置在生产和消费集中地附近的从事原材料、零部件或商品仓储的仓储中心，根据生产进度和销售的需要，不间断地、小批量地将仓储物送到生产线和零售商手中。仓储配送业务的发展，有利于企业降低存货量，减少固定资金投入，实现准时制生产，降低流动资金使用量，而且能够保证销售。

4. 配载

配载指货物在仓库集中，按照运输的方向进行分类仓储，当运输工具到达时进行出库装运。大多数仓配中心就是在不断地对运输车辆进行配载，确保配送的及时进行和运输工具的充分利用。

（三）社会功能

随着经济和物流的发展，仓储企业对信息传递、产品增值加工和维修保养会更加重视。此外，服务也将越来越多样化。

1. 支持企业市场形象

从满足需求的角度看，从一个距离较近的仓库供货远比从生产厂商处供货要方便得多。在供货的方便性、快捷性及对市场需求的快速反应方面，仓储活动为企业树立了一个良好的市场形象。

2. 市场信息的传感器

仓储产品的变化反映了市场需求的波动。仓储量减少，周转量加大，表明社会需求旺盛；反之则表明需求不足。厂家存货增加，表明其产品需求减少或者竞争力降低，或者生产规模不合适。仓储环节所获得的市场信息虽然比销售信息滞后，但更为准确和集中，且信息成本较低。现代企业特别重视仓储环节的信息反馈，将仓储量的变化作为决定生产的依据之一。

3. 提供信用保证

在大批量货物的实物交易中，仓储方可出具货物仓单作为卖方的质量交易凭证，为其提供信誉保证。仓单本身可作为企业融资工具，企业可以直接使用仓单进行质押等金融活动。

4. 现货交易

存货人要转让已在仓库存放的商品时，购买人可以到仓库查验商品并取样化验，双方可在仓库实现转让交割。近年来，我国大量发展的阁楼式仓储超市或商店，就是仓储功能发展、仓储与商业密切结合的例证。

三、现代仓储的地位和作用

随着物流业的高速发展，现代仓储在供应链管理中占据着举足轻重的地位，其作用和重要性体现在以下几个方面。

（一）现代仓储是供应链的调度中心

仓储是物流与供应链的核心环节，它连接着生产、分销和消费，确保商品从生产地到消费者手中的整个流程顺畅。在面对市场波动或突发事件时，现代仓储能够快速调整库存和配送策略，保证供应链的稳定性和应急响应能力。

（二）现代仓储是供应链的库存控制中心

现代仓储通过高效的库存管理系统，帮助企业降低库存积压、提高资金周转率，同时优化储存、分拣和配送流程，这样有助于降低物流成本，提高企业的成本效益。

（三）现代仓储是供应链的增值服务中心

现代仓储不仅提供基本的储存服务，还提供包装、分拣、加工、贴标等增值服务，增加商品的市场价值，并且通过快速响应订单和高效的配送服务，提升客户满意度和企业的市场竞争力。

（四）现代仓储是供应链的技术应用中心

现代仓储广泛应用自动化、信息化技术，如自动存取系统（AS/RS）、条码技术、射频识别（RFID）技术、机器人技术等，提高作业效率和准确性。

第二节 智慧仓储

一、智慧仓储的概念和特点

（一）智慧仓储的概念

智慧仓储是一种集成了现代信息技术、自动化技术和人工智能的仓储管理方式，利用先进的科技手段，对仓库的储存、分拣、配送等各个环节进行智能化管理和控制，以提高仓储效率、降低成本、增强准确性和响应速度。

智慧仓储系统是智慧仓储的实现基础，通常包括物品信息采集、智能化仓储管理、流通货物跟踪查询等信息化流程。

（二）智慧仓储的特点

1. 自动化

自动化指在仓储运行中部分或全部采用自动化技术，依托先进的设备或技术手段实现仓储操作的高效化、智能化。它主要依托的设备和技术有自动化立体仓库系统、自动存取系统、自动导引车、机器人拣选臂等。自动化技术的使用能够提高作业效率，大大降低人为因素对操作效率的影响，提高管理的准确度。

2. 信息化

信息化指通过传感器、RFID标签、条码等，实现对货物的实时监控和追踪，并且应用大数据分析技术，对库存水平、订单模式、货物流动等数据进行分析。

3. 智能化

智能化指通过机器学习和人工智能算法，优化拣选路径、储存策略和订单处理流程。智能化的设备能够根据实时数据和算法进行自主决策，提高仓储和物流的效率和灵活性。例如，智能机器人可以根据实时需求进行货物搬运、堆垛等操作，智能调度系统可以根据实时交通情况进行合理的路径规划。

4. 系统化

系统化指将智慧仓储的不同组件和技术整合成一个协调一致、高效运作的整体系统。这种系统化的方法可以最大化智慧仓储的优势，提供全面的解决方案，以满足现代物流和供应链管理的需求。

二、智慧仓储的优劣势

智慧仓储作为现代物流的重要组成部分，拥有一系列优势，同时也存在一些劣势。

（一）智慧仓储的优势

智慧仓储采用自动化设备和智能系统，可以大幅提高货物的分拣、储存和检索速度，减少对人工依赖的同时节约人力成本，优化储存空间，降低土地使用成本。在运作过程中，智能系统通过精确的数据分析和自动化操作减少错误，提高订单处理的准确性。

自动化立体仓库是常见的智慧仓储设施，利用高层货架储存物品，可以最大限度地利用空间，大幅减少地面使用面积，降低土地使用成本。自动化立体仓库与传统仓库对比如表1-1所示。与传统仓库相比，体现智慧仓储的自动化立体仓库减少用地面积40%以上，能够实现良好的经济效益。除此之外，仓储管理系统等软件的引入也提高了整体管理的准确性，有效缓解了库存积压的问题。

表 1-1　　　　　　　　　　　　　自动化立体仓库与传统仓库对比

项目	自动化立体仓库	传统仓库
空间利用率	充分利用垂直空间，单位面积储存量远大于单层仓库（为单层仓库的 4~7 倍）	占地面积大，空间利用率低
储存形态	动态储存：仓库内货物按需自动存取，仓库系统与其他生产环节系统紧密相连	静态储存：仓库仅作为货物的储存场所，无法有效管理货物
准确率	采用先进信息技术，准确率高	信息化程度低，容易出错
管理水平	计算机智能化管理，仓储与其他生产环节紧密相连，有效降低库存积压	计算机应用程度低，仓储与其他生产环节不相连，容易造成库存积压
可追溯性	采用条码技术与信息处理技术，准确跟踪货物流向	以手工登记为主，数据准确性和及时性难以保证
对环境要求	可适应黑暗、低温、有毒等特殊环境	受黑暗、低温、有毒等特殊环境影响大
效率与成本	高度机械化和自动化，出入库速度快，人工成本低	主要依靠人力，货物存取速度慢，人工成本高

（二）智慧仓储的劣势

1. 初始投资高

智慧仓储的自动化设备、软件系统和基础设施需要较高的初始投资，并且随着技术的快速发展，已安装的仓储系统可能很快过时，自动化和智能化系统需要持续的技术支持和维护，以确保系统的正常运行。

2. 市场适应性差

智慧仓储解决方案需要根据不同行业和市场进行定制，这可能限制了其普及速度。另外，普及智慧仓储解决方案需要对市场进行培育，帮助潜在用户理解其价值和优势，这需要时间和资源。

3. 存在数据安全和隐私问题

智慧仓储有大量数据，涉及个人和敏感信息的收集与分析，这可能引发隐私泄露和数据滥用的风险。随着大数据的集中储存和云计算平台的应用，信息安全风险增加，需要更高级的安全防护措施。

第三节　智慧仓储管理

一、智慧仓储管理的概念及特点

（一）智慧仓储管理的概念

智慧仓储管理指应用先进的信息技术和自动化设备，对仓库和仓库中储存的物资所进行的一系列计划、组织、领导和控制活动。智慧仓储管理的目标是提高仓库物品操作的效率、准确性和灵活性，同时降低成本和提升客户服务水平。

（二）智慧仓储管理的特点

1. 智能化管理

智能化是智慧仓储管理最显著的特征。智慧仓储管理绝不只是自动化，更不局限于简单的储存、分拣等物流活动，而是应用人工智能和机器学习技术等，使仓储系统能够自主学习和优化操作，提高决策质量，实现全过程管理智能化。

2. 数字化管理

当今，想要对需求进行快速响应，就需要实现完全的数字化管理，将仓储与供应链各个环节相结合，利用数字技术彻底转型，优化仓储管理流程，实现从传统的人工操作到自动化和智能化的转变。

3. 信息化管理

信息化是智能化和自动化的基础，同时信息化管理的实现离不开强大的信息系统的支持。

在智慧仓储管理信息化过程，想要实现高度集成和自动化的智慧仓储管理，就要进行技术整合，系统互联互通，实现供应链各环节的紧密协作和信息共享，通过仓储管理系统（WMS）、制造执行系统（MES）等确保供应链的有效运作。同时，想要推动智慧仓储管理信息化的发展，就要依托信息物理融合系统（CPS）、大数据等技术，确保数据的安全性，提高作业效率和准确性。

4. 网络化布局

智慧仓储管理通过网络化布局，实现了仓储资源的集中管理和调度，提高了仓库资源的利用效率。网络化布局可以实现仓库间的信息共享和资源调配，优化整个供应链的效率。

5. 可扩展性

随着市场竞争的加剧和技术的不断进步，只有依靠更强的柔性能力，企业才能更加灵活地应对市场变化和客户需求，缩短产品周期。因此，智慧仓储管理必须具备可扩展性，根据上下游的个性化需求进行灵活调整，以适应市场的快速发展。

二、智慧仓储管理的内容

（一）仓库的选址和布局

仓库选址是智慧仓储管理中的重要环节，它直接关系到企业的运营成本、服务效率和客户满意度。合理的仓库选址可以降低物流成本、提高配送效率、增强企业的市场竞争力。同时，还应合理设计仓库内部结构，包括货架、通道、收发货区等，以优化空间利用率和作业流程。在智慧仓储管理中，要想最大限度地利用库容和合理分配仓库资源，需要精心安排仓库内货物储存的位置。根据货物的尺寸、重量、出货频率和特性，决定货物在仓库中的存放位置。

（二）智慧仓储的软硬件管理

该部分具体内容是为实现智慧仓储管理提供软硬件支撑，包括仓储管理系统和智能化的硬件设备。软件方面，核心是仓储管理系统，功能涵盖信息化应用、主要操作模块、系统建立和系统维护等。硬件方面，要根据仓库的作业特点、储存货物的种类和其理化特性，选择合适的机械装备，并对这些机械装备进行管理。

（三）作业流程管理

仓储作业流程是商品在仓库储存过程中必须经历的、按一定顺序相互连接的作业环节。一般商品从入库到出库需要经过接运、卸车、检验、上架、保管、分拣和集中、装车、发运等作业环节。作业流程管理还涉及基于流程发生的作业方法和操作技巧，包括商品数量与质量的检验方法和技术、商品的保管保养方法与技术，这些作业环节并不是孤立的，它们之间既相互联系，又相互制约。在仓储管理系统的支持下，仓储作业流程管理就是对此过程进行有效管理。

（四）库存控制

库存控制指根据企业生产的需求状况和销售状况，采用管理方法和技术模型实现库存数量的合理性。库存控制的目标是既不会由于储存过少引起生产或销售中断造成损失，又不会因为储存过多而增加过多的成本。

（五）安全管理

智慧仓储管理中，安全管理的内容包括新技术和方法在仓库管理中的运用、仓库安全与消防管理等。

（六）人员管理

人员管理主要是针对作业班组的管理，涵盖岗位职责、相关人员的培训与管理、岗位准入机制等方面。建立员工定期考核制度，根据工作职责的履行情况和关键绩效指标进行评估。

（七）绩效管理

绩效管理的重点是对仓储绩效指标的分析与改进，旨在提高企业的总体效益。

第四节　智慧仓储的发展现状与趋势

一、仓储技术的发展历程

（一）人工仓储阶段

人类社会自从有了剩余产品，就产生了储存。当某个人或某个部落获得食物自给有余时，就会把多余的产品储藏起来，这样，也就产生了储存产品的场所和条件。古时候，"仓"通常指存放粮食的场所，而"库"则指存放各种物资的场所，随着时间的推移，这两个词在实际使用中逐渐融合，把储存和保管物资的建筑物叫作"仓库"。这段时期的仓储活动基本是靠人工方式实现，属于比较低端的仓储阶段。

（二）人工和机械化的仓储阶段

随着科技的发展，特别是机械设备在物流活动中的运用，纯人工仓储阶段逐渐向人工和机械化的仓储阶段过渡。在人工和机械化的仓储阶段，物资的输送、仓储、管理等主要依靠人工及辅助机械来实现。物料可以通过各种各样的传送带、输送车、机械手、吊车、堆垛机和升降机来移动和搬运，用货架托盘和可移动货架储存物料，通过人工操纵机械存取物料，用限位开关、螺旋机械制动等控制设备来运行。机械化满足了人们对速度、精度、高度、重量、重复存取和搬运等方面的要求。

（三）自动化仓储阶段

随着计算机技术的发展，仓储工作的重点转向对物资的控制和管理，要求实时、协调和一体化。计算机之间、数据采集点之间、机械设备的控制器之间，以及它们与主计算机之间的通信可以及时进行信息共享和汇总，仓库计算机可以及时记录订货和到货时间，实时显示库存量，决策者可以方便地做出供货决策，也可以随时把握货源及需求。

自动化技术对仓储技术的发展起了重要的促进作用。从20世纪50年代末开始，相继出现了自动导引车（AGV）、自动货架、自动存取机器人、自动识别和自动分拣系统等。到20世纪70年代，旋转体式货架、移动式货架、巷道式堆垛机和其他搬运设备都加进了自动控制行列，但只是各个设备的局部自动化，设备之间缺少信息的"沟通"，形成了一个个"自动化孤岛"。后来形成了"集成化系统"的概念。在集成化系统中，整个系统的有机协作使总体效益和生产的应变能力大幅超过各部分独立效益的总和。集成化仓储技术作为计算机集成制造系统中物资储存的中心，受到人们的重视，在集成化系统里，涵盖了人、设备和控制系统。

（四）智能化仓储阶段

在自动化仓储的基础上，仓储管理系统逐渐实现与其他信息决策系统的集成，朝着智能和模糊控制的方向发展，人工智能推动了仓储技术的发展，自动化仓储逐渐向智能化仓储发展。现在，智能化仓储技术还处于发展阶段，但已展现出巨大的发展潜力。21世纪仓储技术的智能化将具有广阔的应用远景。

目前，我国的自动化仓储主要应用于烟草、医药保健品、食品、通信、家具制造、机械制造、大型电商零售等领域。同时，我国对仓储的研究也向着智能化方向发展，但总体而言，我国还处于自动化仓储的推广与应用阶段。

二、智慧仓储的发展现状

随着我国促进智慧物流、智慧仓储、物联网技术发展的相关政策、规划及方案的相继出台及实施，智慧仓储基础设施的投资不断加大，各种与智慧仓储相关的示范项目不断引进，物联网技术在物流仓储领域的应用不断深化，物流企业对发展智慧仓储的经验不断丰富，认识不断提高，这些都为发展智慧仓储提供了良好的基础条件。

在智慧仓储技术方面，应用主要体现在四个方面：一是传统仓储设施的智能化与网络化，这是实现仓储设施互联的基础；二是仓储设备的自动化和标准化，这是实现仓储作业智能化的基础；三是系统平台的对接，这是仓储管理系统与其他上下游系统互通互联的基础；四是物流大数据推动仓储资源整合与共享，这是实现企业内部仓储资源优化配置的基础。

在智慧仓储设备方面，我国仓储系统自动与智能设备发展很快，主要有自动化立体仓库、仓库控制设备、智能穿梭车、感知设备、巷道式堆垛机、分拣设备、物流机器人、输送机等。在自动化立体仓库建设领域，市场需求增长极快；智能穿梭车与密集型货架系统前些年处于爆发增长阶段，目前增长速度有所下降；物流机器人是机器人的主要应用领域之一，搬运机器人、堆码机器人等技术装备近些年都进入快速发展阶段。

在智能追溯领域，应用最普遍的物联网感知技术是RFID技术和GPS定位技术。手持终端扫描设备目前的创新方向是小型化，向可穿戴设备方向发展。在国外，美国和日本等已成为智能仓储业的领导者。我国市场规模庞大，相关智能技术和设备居于世界领先水平，形成了完好的产业链，智慧仓储已变成仓储行业前进的重要动力，可降低仓储成本，促进整个产业的升级。

美国、日本等国家在智慧仓储领域拥有先进的技术和丰富的经验。美国的沃尔玛等大型零售企业通过投资智慧仓储，提升智慧仓储水平。联邦快递、联合包裹等国际物流公司通过应用先进的供应链跟踪和智慧监控技术，推动了物流行业的技术进步，进而推动物联网、自动化设备的巨大市场和完整产业链的形成。

三、我国仓储业发展现存的问题

（一）仓储能力不均衡

目前，部分企业仓库是为满足自身需求建立的，形成了部门分割、地区分割、各自为政的状态，随着需求的变化，造成了有的部门仓库闲置而不外租，有的部门仓库不够，出资建设后重复建设严重。仓库建设和仓储管理源出多头而导致互相之间缺乏联系和合作，功能分工不明确，使大多数仓储功能相近，用途相同，很多仓库同质化严重，造成仓储能力过剩，最终形成价格恶性竞争。而仓库缺少地区则建设不足，不能满足当地经济发展的需要。

（二）管理水平参差不齐

由于仓储业以往不为人们所重视，一直被视为技术含量低，因此其从业人员的素质相对较低，专业知识缺乏。加上早期建设的仓库，现代企业制度建立较晚，企业总体管理水平不高。但新建的很多电商仓库和配送中心大都按照现代企业制度建设，从业人员总体素质较高，企业管理水平也较高。

（三）业务内容单一

国内仓库客户对仓储租金比较敏感，并没有意识到高质量仓储带来的利益。再加上传统仓储企业自身的竞争意识弱，企业改革的步伐较慢，现有仓库多是平房仓库，仓库陈旧，功能单一，就是单纯的储存。有些仓库经济效益不好，发展缺乏后劲。这些都造成大部分仓储业还停留在功能单一的仓储活动中。但是，最近几年我国仓储业发展迅猛，随着网络购物的快速发展，越来越多的企业开始进军仓储物流业。这在一定程度上促进了传统仓储企业的仓库改造和业务扩充。

（四）仓储技术水平有待提高

机械化已是社会生产的基本要求。但传统仓储企业的历史包袱比较重，企业技改还面临很多困难，仓储能力和技术水平远未满足经济和商品流通高速发展的需要。例如，用于存放冷冻农副产品的专用仓库数量尚不能保证对货物的及时收储。不少仓库仍处在以人工作业为主的原始状态，人抬肩扛，工作效率低下。机械化程度不足造成货损严重，加大了物流成本。与国外发达国家相比，我国仓储业在技术水平上所反映出的差距比较明显，构建现代化配送中心和自动化立体仓库所需的相关技术在我国还有待进一步发展和普及。

尽管我国仓储业的发展存在很多困难，但越来越多的物流企业认识到，没有强大的仓储资源网络，没有控制和管理智慧仓储的能力，就难以发展成为有竞争力的大型物流企业。随着仓储行业竞争的加剧，国内优秀的仓储企业越来越重视对行业市场的研究，特别是对企业发展环境和客户需求趋势变化的深入研究。很多企业努力向现代第三方物流的经营方向转变，大型仓储企业间并购整合与资本运作日趋频繁。

四、仓储管理的发展趋势

市场规模的持续增长预示着仓储行业具有广阔前景。应充分利用已具有的仓储资源，推动仓储业社会化，提高仓储业的专业化水平，加速仓储标准化建设，全力推进仓储机械化与自动化升级，强化仓储信息化与网络化建设，实现管理的智慧化、科学化，培育专业化的仓储人才。最终实现仓储管理的现代化。

（一）仓储业社会化和专业化

仓储业需要以"产权明晰、权责明确、政企分开、管理科学"为原则进行升级改造，建立科学先进的企业管理结构，成为自负盈亏、自主经营的市场竞争的主体，彻底改变我国仓储业的不良状况，真正成为市场的资源，向更加完善的方向发展。我国仓储业的技术水平较低和功能重复的现状，只有通过分工和专业化的发展才能改变。同时仓储业在市场竞争中也只有通过专业化发展，才能提高服务个性化的水平。

（二）仓储标准化

仓储与物流、商流的其他环节的无缝衔接，是提高整体物流和商流效率的重要措施，因此须实现仓储标准化。其内容主要有包装标准化、标志标准化、托盘标准化、容器标准化、计量标准化、条码标准化、作业工具标准化、仓储信息标准化、服务标准、单证标准化等。以托盘为例，目前托盘租赁得到很多专家和企业的提倡，那么托盘必须标准化才能很好地在各企业间流通，特别是在国际企业间流通。而实际情况是，各国的托盘标准都不一样，这势必会造成一部分企业的低效率仓储。

（三）仓储机械化和自动化

仓储作业大都负荷重、作业量大、作业环境恶劣、时间紧，存在众多系统性安全隐患，因而仓储机械化是仓储业发展的必然。一方面，仓储机械化可减少人力作业，加大企业集成度，减少人身伤害和货物损害，提高作业效率。另一方面，随着货物运输包装向着大型化、托盘化发展，仓储也必然要向机械化过渡。

在自动化仓库中，借助信息管理、条码技术、射频识别技术、数据处理技术等，指挥仓库堆垛机、传送带、自动导引车、自动分拣设备等自动完成仓储作业，同时自动控制空调、监控设备、制冷设备进行环境管理，向运输设备下达运输指令安排运输等，并同步完成单证、报表的制作和传递。对于危险品、冷冻品、粮食等特殊物品的仓储，采取自动化仓储很有必要。

（四）仓储信息化和网络化

现在的物流中心与配送中心大都存货品种多、存量大，要提高仓库利用率，保持高效的货物周转，实施精确的存货控制，必须配备计算机信息管理和处理系统。仓储信息化管理包括：通过计算机和相关信息输入输出设备，对货物识别、理货、入库、存放、出库等环节进行操作管理，进行账目处理、结算处理，提供实时查询服务，进行货位管理与存量控制，制作各种单证和报表，甚至进行自动控制等。可以说，仓储要提高效率、降低损耗，从而降低成本，就必须实现信息化。

高效的物流管理基于对物流的有效控制和组织。要想实现高效的物流管理，仓库、厂商、物流管理者、物流需求者及运输工具之间需建立有效的信息网络，实现仓储信息共享，通过信息网络控制物流，做到仓储信息网络化。

（五）管理的智慧化和科学化

仓储管理需要提升智慧化和科学化水平，进而提升仓储的效率和效益。随着人工智能技术的发展和应用，仓储管理中逐渐出现人工智能以辅助决策，使企业的管理更加科学和高效。特别是在电子商务蓬勃发展和消费者对即时配送需求加大的背景下，智慧仓储系统正变得更加动态和灵活，以适应快速变化的市场需求。智慧仓储的发展正受到全球供应链重构、劳动力成本上升及技术革新的推动，越来越强调通过集成物联网、人工智能、机器学习、大数据分析等前沿技术来实现仓储管理的自动化和智能化。

因此，未来智慧仓储正朝着集成化、自动化、智能化和绿色化的方向迅速发展，通过应用物联网、人工智能、大数据分析等先进技术，实现对仓储流程的实时监控、优化管理，提高作业效率和准确性，同时注重供应链整合、人机协作和可持续发展，以适应不断变化的市场需求和提升企业竞争力。

（六）仓储人才的专业化

实现仓储业现代化的关键在于科学技术，而发展科学技术的关键又在于人，没有知识，没有人才，现代化就是一句空话。要实现仓储人员的专业化，必须按照现代化管理的要求，根据不同类型的仓库、工作岗位，制订和实施人才培养计划，加强对仓储人员的培养，尽快培养出一批具有现代科学知识和管理技术、责任心强、素质高的专门从事仓储管理的人才。这是实现我国仓储业乃至物流业社会化、现代化的重要保证。

本章小结

本章首先介绍了仓储的概念和功能，分析了现代仓储的地位和作用。在此基础上介绍了智慧仓储、智慧仓储管理的概念与特点，并且介绍了智慧仓储的优劣和智慧仓储管理的内容。最后，介绍了仓储技术的发展历程和智慧仓储的发展现状，从管理视角分析了我国仓储业发展现存的问题和仓储管理的发展趋势。

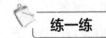

一、思考题

1. 简述智慧仓储的概念和特点。

2. 简述现代仓储的地位和作用。

3. 智慧仓储相比传统仓储有哪些优势。

4. 简述智慧仓储管理的内容。

5. 分析仓储管理的发展趋势。

二、讨论题

1. 某公司需要升级其仓储系统，该公司拥有大量的仓储设施，但自动化程度不够高，有三种技术方案可供选择：①增加自动化设备；②引入人工智能驱动的库存预测模型；③实施全面的物联网监控。请选择方案，并说明理由。

2. 调查仓储技术在当前物流企业的应用现状，结合前沿技术讨论分析今后智慧仓储技术的发展趋势。

第二章 智慧仓储规划管理

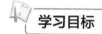

学习目标

- 了解智慧仓储布局规划的定义和原则。
- 掌握智慧仓储布局规划的步骤。
- 理解仓库选址的影响因素。
- 掌握仓库选址的常用方法。
- 掌握仓库平面布局规划的内容。
- 培养团结协作、诚实守信、科学求真的精神。
- 树立制度自信和文化自信。

导入案例

京东物流的"织网计划"①

2022 年 5 月 20 日，京东公布了其"织网计划"的建设成果。该公司以 43 座"亚洲一号"大型智能物流园区和全国范围内运营的约 1400 个仓库为核心，搭建了高度协同的多层级物流基础设施和仓配网络。

京东表示，以 43 座"亚洲一号"及约 1400 个仓库为核心的仓储配送体系，在配送效率上，可以让约 90% 的京东自营线上订单实现当日达和次日达，以及全国 93% 的区县、84% 的乡镇实现当日达和次日达；在仓储管理效率上，帮助更多的企业实现了库存管理优化、运营成本减少及内部资源的高效分配；同时，在推动区域经济发展上，京东为全国 1000 多个农特产地和产业带提供供应链服务，形成产业转型与消费升级的正向循环；在分拣效率上，智能化设备的大力投入也推动了操作货量的提升。京东物流在全国已布局近 400 座分拣/转运中心，并投入智能分拣设备，分拣效率成倍提升。在运力方面，京东物流已开通超过 5 万条运输线路，每日发车近 7 万次。

---

① 案例中的数据截至 2022 年 5 月 20 日，最新数据请以京东官方公布的为准。

在这样仓储、物流、分拣"大网"的支撑下,京东提出了打造极致的物流服务体验的目标。还将通过包含 185 项基础服务及上百项环节保障的"全链路服务",为用户提供全周期、全渠道、全场景、全时段的服务保障。

讨论:我国电商仓库的战略布局和竞争力如何?

第一节　智慧仓储布局规划概述

一、智慧仓储布局规划的定义和原则

(一) 智慧仓储布局规划的定义

智慧仓储布局规划是指在一定区域或库区内,对仓库的平面布局、仓库内设施设备、信息系统等各种要素进行科学规划和整体设计的过程。其规划目标是通过集成先进的信息技术、物联网技术、自动化设备及智能化管理系统,实现仓储作业的高效化、精准化、自动化与智能化,从而全面提升物流效率、降低运营成本,并为客户提供更优质的服务体验。

(二) 智慧仓储布局规划的基市原则

智慧仓储布局规划的基本原则是确保仓储系统能够高效、安全、灵活地运作,以满足企业物流管理的需求。要遵循以下几点原则。

(1) 物资处理次数最少原则;

(2) 柔性化原则;

(3) 能力匹配原则;

(4) 充分利用空间、场地原则;

(5) 安全性原则;

(6) 成本和效益原则;

(7) 系统性原则。

智慧仓储布局规划是一个综合性的体系,旨在通过科学规划和合理布局,实现仓储系统的高效、安全、灵活运作,为企业物流管理提供有力支持。

二、智慧仓储布局规划的步骤

智慧仓储布局规划的步骤主要有以下几项。

(一) 认识需求

认识需求指企业或组织在规划智慧仓储系统之前,首先要进行的全面审视与需求分析。这个步骤的核心在于深入理解并明确当前企业仓储管理的痛点、挑战以及未来发展的战略目标，包括提高仓储效率、降低运营成本、增强库存准确性、提升客户满意度等。通过详尽的调研和数据分析，企业能够精准把握智慧仓储的构建需求，为后续的规划设计奠定坚实的基础。认识需求不仅是智慧仓储布局规划的起点，还是确保智慧仓储系统能够精准匹配企业需求，实现预期效益的关键。所以，本步骤的目的是明确智慧仓储的目标和需求，包括业务需求、技术需求、流程需求等。

（二）规划设计

规划设计指深入认识与理解企业需求后，对仓储系统进行全面、细致的规划与设计的过程。在这个步骤，规划团队将综合考虑仓库的空间布局、物流流程、设备选型、信息系统集成等多个方面，旨在通过智能化的技术手段，实现仓储作业的自动化、信息化与高效化。规划设计不仅关注当前需求的满足，还着眼于未来的可扩展性和灵活性，确保智慧仓储系统能够随企业的发展而持续优化与升级。通过精细的规划与设计，企业能够构建起符合自身特色的智慧仓储体系，为仓储管理的现代化转型提供有力支撑。所以，本步骤的目的是根据需求制定详细的智慧仓储规划方案，包括空间布局、设备选型、系统架构等。

（三）系统构建与改造

系统构建与改造是将规划设计蓝图转化为实际运作系统的关键步骤。在这一阶段，企业需着手进行智能设备的采购与安装、信息系统的开发与集成、网络基础设施的搭建与调试等工作。同时，对于现有仓储设施进行必要的改造升级，以确保其与智慧仓储系统无缝对接，实现数据互通、流程协同。系统构建与改造的过程注重技术创新与实际应用相结合，力求打造出一个既先进又实用的智慧仓储生态系统。通过这一系列复杂而精细的操作，企业将逐步构建起高效、智能、灵活的仓储管理体系，为提升物流效率、降低运营成本奠定坚实基础。所以，本步骤的目的是根据规划设计方案，进行智慧仓储系统的构建和现有仓储设施的改造。

（四）运营实施

智慧仓储的运营实施是智慧仓储系统从理论构想走向实际应用的关键转折。在这一阶段，企业全面启动智慧仓储系统的日常运营，包括人员培训、流程优化、系统监控与调整等。通过专业培训，确保仓库管理人员和操作人员能够熟练掌握智慧仓储系统的各项功能，提高作业效率与准确性。同时，根据系统实际运行情况，不断优化作业流程，减少冗余环节，提升整体运营效率。此外，企业还应建立完善的系统监控机制，及时发现并解决潜在问题，确保智慧仓储系统的稳定运行。通过持续的努力与调整，企业将逐步实现仓储管理的智能化、自动化与高效化，为企业的发展注入新的动力。所以，本步骤的目的是将智慧仓储系统投入实际运营，并进行人员培训和流程优化。

（五）评估与优化

智慧仓储的评估与优化是智慧仓储系统运营周期中不可或缺的一环。在这一阶段，企业对智慧仓储系统的实际运行效果进行全面、客观的评估，通过收集并分析各项运营数据，如作业效率、库存准确率、成本节约等关键指标的相关数据，来衡量系统是否达到预期目标。同时，针对评估过程中发现的问题与不足，企业应及时制定并实施优化方案，包括技术升级、流程改进、人员调整等，以不断提升智慧仓储系统的性能与效益。评估与优化是一个持续迭代的过程，企业需保持敏锐的市场洞察力和创新精神，紧跟技术发展趋势，持续优化智慧仓储系统，以应对不断变化的市场需求与业务挑战。所以，本步骤的目的是对智慧仓储系统的运营效果进行评估，并根据评估结果进行持续优化和改进。

这五个步骤相互关联、相互促进，构成了智慧仓储布局规划的一个完整流程。智慧仓储布局规划是一个复杂而细致的过程，需要综合考虑多个方面的因素和需求。通过科学合理的规划和实施，可以显著提升仓储作业的效率和准确性，降低运营成本，为企业创造更大的价值。

第二节　智慧仓储的仓库选址

一、仓库选址的影响因素

（一）自然环境

1. 气象条件

仓库的选址应考虑与储存物品相适应的气候条件，如温度、湿度、降雨量、降雪量、风力、风向变化等。特别要考虑高温、高湿、云雾、风沙和雷击地区对保管物品产生的不良影响。一般的仓库选址应避免选择潮湿多雨地区，否则仓库需要安装空气调节与通风设备。

2. 地质条件

仓库是大宗商品的集结地，货物对地面会形成较大的压力。如果地下存在有淤泥层、流沙层、松土层等不良地质环境，则该地不适宜建设仓库。因此，地质条件主要考虑土壤的承载能力。库址选择一般应避开发震断层、地震区及泥石流、滑坡、溶洞等危险地段，也应避开较厚的三级自重湿陷性黄土区、新近堆积黄土区，以及一级膨胀土等地质条件恶劣的区域。同时，库址选择不应定在有开采价值的矿藏区、采空区，以及古井、古墓、坑穴密集的地区。

3. 水文条件

选址时要考虑该地区近年来的水文资料，应远离容易泛滥的大河流域和地下水容易上溢的区域。因此，库址一般不应该选在河道及干河滩区域，选址地的地下水位最好低于地下室和地下构筑物的深度，否则需要特别做好仓房的防水处理工作。

4. 地形条件

仓库一般要建在地势高、地形平坦的地方，尽量避开山区及陡坡地区。库区外形应尽可能简单，如为矩形场地，尺寸比例控制在 1：1.5 之内较为经济合理。此外，库区内地形应有利于库房、货场和货棚的布置，便于运输联系及场地排水。

（二）经营环境

1. 政策环境

该因素考虑拟建仓库的地区是否对物流产业有扶持政策，这对仓储企业的效益将产生直接影响。

2. 商品特性

不同类型的仓库应该建在不同地方。比如，果蔬食品类仓库选址时首选入城主干道处，避免因运输距离过长而造成商品损耗过大；冷藏品类仓库选址时应选择屠宰场、加工厂附近，另外，考虑设备噪声较大，所以尽量选择在城郊；建筑材料类仓库因流通量大，占地多，防火要求严格，有些还会有污染，所以选址时应选择在城市周边的交通干线附近；燃料及易燃材料类仓库选址时应选择城郊独立地段，而且应选择在下风位，同时远离居民区，最好在地势低洼处。

3. 物流费用

仓库应尽量接近物流服务需求地，如大型工业或商业区，以便缩短运输距离，降低运费等成本。

4. 服务水平

服务水平是影响仓储企业效益的重要指标之一，所以在仓库选址时，要充分考虑当客户提出需求的时候，仓库能否及时送达让消费者获得满意的服务。

5. 人力资源

在决定仓库位置时，也要考虑员工的来源、技术水准、工作习惯和工资水平等因素。

（三）基础设施条件

1. 交通条件

仓库选址通常倾向于交通便利之地，最好是靠近交通枢纽，如港口、车站、交通主干道（国道或省道）、铁路编组站、机场等地方，同时尽量能实现两种或多种运输方式的衔接。

2. 公共设施状况

选址时也需要考虑周边的公共设施状况，例如，附近的道路是否畅通，通信是否发达，有无充足的水、电、气、热等能源供应，污水和垃圾处理能力如何，等等。

（四）其他因素

1. 国土空间规划

在当前社会背景下，选址时，不仅要充分考虑用地的价格，还要兼顾区域与城市的发展规划。这也要求企业在进行仓库选址时，必须熟悉所选区域的国土空间规划，避免因二次搬迁造成的影响。

2. 环境保护要求

现代物流的发展要符合绿色物流发展的需要，仓库的选址也要考虑保护自然与人文环境，尽可能降低对城市生活的干扰，不影响城市交通，不破坏区域生态环境。

3. 地区周边状况

选址时需确保仓库周边不存在火源隐患，尽量远离住宅区。同时考察仓库所在地的区域经济和发展情况对物流业是否有积极的促进作用。

4. 居民的态度

周围社区居民的态度会对仓库的建设和运营会产生直接的影响。比如污染品仓库、危险品仓库等选址时需要考虑周边居民对在此建库的态度。

上述各因素中有些是经济因素，有些是非经济因素，当确定库址选择方案时，应根据具体要求综合考虑。如果各因素间出现相互矛盾的情况，应抓住主要矛盾，根据关键要求确定可行方案。

二、仓库选址的常用方法

（一）优缺点比较法

优缺点比较法是一种简单的选址定性分析方法，主要用于非经济因素的比较。该方法的具体做法：罗列出各个方案的优缺点并进行分析比较，按最优、次优、一般、较差、极差五个等级对各个方案的特点进行评分，将每个方案的各项得分加总，一般得分最多的方案为最优方案。

（二）加权因素比较法

这种方法的特点是把各项因素进行综合比较。加权因素比较法具体步骤如下。

（1）明确评价方案：首先是选择和确定要评价的方案，用 A、B、C 等字母作为各方案的标志，并对每个方案进行简短说明。评价方案一般不超过 5 个。将方案和说明发给每个评分人员，使他们清楚方案的具体内容。

（2）选定考虑因素：确定需要比较的因素及其标准，避免含糊不清，并且使评分人员对各因素的含义有清楚的理解和认同。

（3）准备评分表：一般在表格的左侧竖向栏中列出各个评价因素，在表格的顶部横向栏中列出权重和每个方案。

（4）确定各因素的相对重要性：首先选择出最重要的因素并赋以权重数值 10，然后以最重要的因素为基准，定出其他每个因素的相对权重数值（小于 10），最后把各权重数值填在表格上。

（5）各方案中因素的评分：方案评价中用字母（A、E、I、O、U、X）给方案中的每个因素评出重要性等级，并填在等级的方格内。将每个重要性等级值（A＝4，E＝3，I＝2，O＝l，U＝0，X＝-1）与相应权重数值的乘积，填在分数的方格内。

（6）计算加权分：求出每个方案的加权分之和，填在合计栏内。

（7）比较各方案的得分，分数最高的为最优方案。

（三）德尔菲法

德尔菲法又称专家调查法，可用于对选址的定性分析。该方法与其他专家法的区别在于：该法采用"背对背"的判断代替"面对面"的会议，即采用函询的方式，反复征求每个专家的意见，经过客观分析和多次征询，使各种不同意见逐步趋向一致。

具体实施步骤如下：第一，组成专家小组。按照选址所需要的知识范围确定专家组，人数一般不超过 20 人。第二，向所有专家提出选址的相关问题及要求，并附上各选址方案的背景材料，明确专家需提交的材料清单。第三，各个专家根据他们所收到的材料，提出自己的选址意见。第四，将专家的意见汇总后进行对比，并将整理好的材料反馈给各专家，专家根据反馈材料修改自己的意见和判断。这一过程可能要进行三到四次，直到每一位专家不再改变自己的意见为止。

（四）因次分析法

因次分析法将经济因素（成本因素）和非经济因素（非成本因素）按照相对重要程度统一起来，确定各种因素的重要性因子和各个因素的权重比率，按重要程度计算各方案的场址重要性指标，以场址重要性指标最高的方案作为最佳方案。

因次分析法的步骤如下：第一，确定经济因素重要性因子，通过比较不同候选地址的经济因素，如成本，来确定重要性因子。第二，确定非经济因素重要性因子，通过比较不同候选地址的非经济因素，如政策、气候、安全等，来确定重要性因子。第三，确定总重要性因子，将经济因素和非经济因素的因子相结合，计算出总重要性因子。第四，根据总重要性因子的高低选择最优的选址方案。

第三节　智慧仓储的仓库平面布局规划

在进行智慧仓储的仓库平面布局规划时，企业首先明确仓储在供应链中的战略角色，根据业务需求和技术趋势进行前瞻性规划。仓库平面布局规划详细规定了储存区、拣选区、包装区、发货区等功能区域的分布，确保各区域间的高效协同；同时，通过物流动线的合理规划，减少货物搬运距离和时间，提升作业效率；此外，货位规划也是关键一环，科学的货位编号和储存规则，可以提高空间利用率和拣选准确率。

一、平面布局规划

平面布局规划是智慧仓储系统中至关重要的一环，它直接关系到仓储作业的效率、准确率和成本。仓库平面布局规划要从企业的实际需求出发，结合仓储作业的流程特点，科学合理地划分各个功能区域，确保各区域之间既相互独立又紧密协作，形成高效、顺畅的物流作业体系。

（一）作业功能区域划分

作业功能区域主要包括储存区、拣选区、包装区、发货区等，每个区域都有其特定的功能。

1. 储存区

该区域主要用于存放各类货物，是仓储系统的核心区域。常见的储存区有库房、货棚、货场三种类型。库房是封闭式建筑，用于储存受气候条件影响较大的物资，如一般消费品及大部分生产原材料等。货棚是有顶棚但四周不封闭的设施，用于储存受气候条件影响不大的物资，如桶装液体货物、锭材、汽车及普通机械设备等。货场主要用于储存基本不受气候条件影响的物资，如大型钢材、水泥制品等。

立体储存区是智慧仓储中高效利用空间的一种重要形式。这种储存方式不仅能够有效解决地面空间有限的问题，还能通过机械化、自动化的存取设备（如堆垛机、穿梭车等）提高货物的存取效率和准确率。在立体储存区中，货物的存取和管理通常需要借助先进的仓储管理系统进行精确控制，以确保仓库运作的顺畅和安全。此外，立体储存区的设计还应考虑货物的物理特性、存取频率及仓库的整体布局，以实现最优的储存效果和作业效率。

2. 拣选区

拣选区是仓库中一个至关重要的区域，专门用于根据订单需求拣选并装载货物。这一区域的设计和优化直接关系到仓库的运作效率和客户满意度。在拣选区，工作人员会利用先进的仓储管理系统或订单处理系统，快速准确地定位到所需货物的储存位置，并进行高效的拣选作业。

为了提高拣选效率，挑选区通常会根据货物的特性、储存频率和订单需求对货物进行细致的划分。此外，挑选区还可能设置缓冲区，用于暂存即将被拣选的货物，以减少工作人员在仓库内的移动距离和时间。

在现代化的仓库管理中，拣选区还可能会引入自动化和智能化设备，如自动拣选机器人、智能导航小车等，以进一步提升拣选效率和准确率。这些设备的应用不仅能够减轻员工的劳动强度，还能够显著降低拣选过程中的错误率，提高整个仓库运作的效率和客户满意度。

3. 包装区

包装是现代仓库作业中的一环，它专门负责将挑选好的货物进行包装处理，以确保货物在运输过程中得到妥善保护。在包装区，工作人员会根据货物的性质、尺寸和运输要求，选择合适的包装材料和方式，对货物进行细致的包装作业。包装区通常配备有各种包装设备和材料，如打包机、胶带、纸箱、气泡袋等，以满足不同货物的包装需求。通过专业的包装处理，货物不仅能够避免在运输过程中受到损坏，还能提升整体形象，增强客户对产品的满意度。同时，包装区也应注重作业效率和环保性，力求在保障包装质量的同时，减少包装材料的浪费，实现绿色物流的目标。

4. 发货区

发货是终端环节，承担着将包装完好的货物高效、准确地发送给客户的重要任务。发货区通常设有多个发货口或装货区，配备有专业的装运设备和人员，确保货物能够迅速、有序地装载到运输工具上。在发货区，工作人员会仔细核对货物的数量、规格和目的地信息，确保与订单匹配。同时，发货区也注重与运输部门的紧密协作，确保货物能够按时、安全地送达客户手中。高效的发货流程和严格的质量控制可以确保物流链的顺畅运行，为客户提供优质的物流服务体验。

（二）非作业功能区域划分

1. 行政生活区

行政生活区包括生活区和办公区，一般设在单位入口附近，以利于仓储业务的接洽和管理。

生活区指员工生活的区域。

办公区是仓库管理人员、会计人员和其他行政人员办公的地方，包括办公室、监控室等。办公区作为仓库管理的核心枢纽，旨在促进高效、有序的工作流程推进，确保信息的准确传递与决策的快速执行。办公区应具备宽敞、明亮且布局合理的工作环境，以便管理人员、会计人员及其他行政人员协同作业，同时确保工作区域的整洁与舒适度，提升工作效率。

在设施配备上，办公区需配置齐全的办公设备，包括计算机、打印机等，以满足日常办公及数据处理的需求。同时，还应建立稳定、高速的网络环境，确保信息的实时传输与共享，为仓库的信息化管理提供技术支持。

2. 辅助生产区

该区域包括车库、变电室、油库、维修车间、包装材料间等。这些区域应尽量安排在靠近储存区的位置，以便快速响应需求。辅助生产区作为仓库不可或缺的一部分，旨在确保仓库运作的顺畅、高效与安全。

首先，辅助生产区应具备良好的空间布局，确保各类设施能够有序地布置，并便于快速响应仓库主作业区。这包括设立专门的维修车间，用于对仓库内的各种设备进行定期维护和紧急修理，以保障设备的正常运行；同时，设立包装材料间，提供充足的包装材料和工具，以满足不同物资的包装需求。

其次，辅助生产区应注重安全与环保。维修作业应严格遵守安全操作规程，确保作业人员的安全；对于可能产生噪声、粉尘等污染的作业，应采取有效的防护措施，减少对环境和员工健康的影响；辅助生产区还应设置安全监控设备，实时监控区域内的安全状况，预防安全事故的发生。

（三）仓库面积计算

仓库面积包括有效面积和辅助面积两部分。有效面积是指货垛、货架实际占用的面积，也称为仓库实用面积。辅助面积指其他区域的占用面积，如验收区、分类区、分发作业场地、通道等占用的面积。一般来讲，计算仓库面积就是计算这两种面积的数值。

1. 仓库面积的计算方法

（1）荷重计算法

荷重计算法是一种经验算法，它根据库存量、储备期和单位面积的荷重能力来确定仓库面积，由于现在货物储存时间大幅缩短，采用货架、托盘后，单位面积荷重能力也大大改变，该方法应用相对少了。

荷重计算法公式为：

$$S = Q \times T / (T_0 \times q \times \alpha)$$

式中，S 为仓库面积，Q 为年入库量，T 为平均储存期，T_0 为年有效作业天数，q 为单位有效面积荷重，α 为储存面积利用系数。

【例1】 某企业欲建一仓库，预计年入库量为6000t，年有效作业天数为360天，平均储存期为30天，储存面积利用系数为0.4，单位有效面积荷重为0.8t/m²，试用荷重计算法求所需仓库面积。

解：$S = Q \times T \div (T_0 \times q \times \alpha) = 6000 \times 30 \div (360 \times 0.8 \times 0.4) \approx 1563$（m²）

（2）堆垛计算法

堆垛计算法就是把各种货物实际占地面积加总起来，除以面积利用系数，即得仓库总面积。堆垛计算法与库内货物储存方式、存取策略、空间利用、装卸搬运机械的类型及通道等有关，在设计时应根据实际情况具体计算。

堆垛计算法公式为：

$$仓库面积 = 各种货物占用面积 / 面积利用系数$$

式中，面积利用系数可按如下数值选取，货架储存时为0.25~0.3，就地堆存时为0.45~0.6，托盘储存时为0.4~0.5，混合储存时为0.35~0.4。

【例2】 某仓库储存某种货物6000件，每件占地面积为0.6m²，货物直接在地面堆垛3层，面积利用系数为0.6，试用堆垛计算法计算所需的仓库面积。

解：仓库面积 = $6000 \div 3 \times 0.6 \div 0.6 = 2000$（m²）

【例3】 某配送中心准备建一个综合型仓库，计划采用两种储存方法：一种是就地堆存，其货物最高储存量为 1200t，已知这种货物的仓容定额是 5t/m²；另一种是货架储存，其货物最高储存量为 630t，货架长 8m、宽 1.5m、高 4m，货架容积充满系数为 0.7，上架存放货物的单位容积质量是 150kg/m³，总面积利用系数是 0.5，则此仓库的有效面积是多少？总的面积是多少？

解：就地堆存的面积：$1200 \div 5 = 240$（m²）。

货架占用面积：$630 \div [(8 \times 1.5 \times 4) \times 0.7 \times 0.15] \times (8 \times 1.5) = 1500$（m²）。

所以，有效面积：$240 + 1500 = 1740$（m²），总的面积：$1740 \div 0.5 = 3480$（m²）。

（3）托盘垛堆计算

假设托盘尺寸为 $P \times P$，由货品尺寸及托盘尺寸算出每托盘平均可码放货品箱数为 N，托盘在仓库内可堆码层数为 L，若仓库平均存货量约为 Q，则存货面积（D）需求为 $D = Q / (N \times L) \times (P \times P)$。

【例4】　某仓库有 8000 箱青岛啤酒，包装长 0.3m、宽 0.3m、高 0.4m，毛重为 12kg，净重为 10kg。假如用托盘堆码，托盘规格为 1.04m×1.04m（托盘重量不计），库房地坪单位面积载荷为 1t，包装的承压能力为 50kg。库房可用高度为 3m。该批货物的储存至少需要多少面积？

解：按可用高度计算可堆码层数：$3 \div 0.4 = 7.5$（层）。按包装承受压力最大 50kg 来计算可堆码层数：$(50/12 + 1)$ 层，可堆码层数取整为 5 层，因此以 5 层堆码层数计算。

每个托盘每层可放：$(1.04 \div 0.3) \times (1.04 \div 0.3) \approx 9$（箱）。每组托盘可放货品箱数：$5 \times 9 = 45$（箱）。每个托盘总重量：$45 \times 12 = 540$（kg），小于库房地坪单位面积载荷 1t/m²，所以可行。

因此，储存面积为 $8000 \div (5 \times 9) \times (1.04 \times 1.04) = 192.52$（m²）。

2. 仓库通道宽度计算

通道的宽度一般按国家标准设计。对于物料周转量大、收发较频繁的仓库，通道宽度应按双向运行的原则计算，车辆双向通道的理论最小宽度为：

$$B = 2b + C$$

式中，B 为最小通道宽度；C 为安全间隙，一般采用 0.9m；b 为运输设备的宽度（含搬运物料宽度）。

实际应用中，单向汽车通道宽度一般为 3.5~4m，小型叉车通道宽度为 2.4~3m，手推车通道宽度为 2~2.5m，人工通道宽度为 0.9~1.0m，货垛间通道宽度为 1m。在需要设置掉头的回转区，其宽度原则上是车辆全长的 2 倍。根据仓储中心常用车辆的长度，一般的取值为：2t 车的回转区宽度为 11m，4t 车的回转区宽度为 13m，5t 加长车的回转区宽度为 18m，11t 车的回转区宽度为 20m，集装箱车的回转区宽度为 33m。

3. 月台高度

与库房和通道配套的还有方便装卸货用的月台。月台一般会采用液压升降平台来辅助装卸，同时还要考虑防撞的装置。常见的月台高度可参考如下数据：2t 车高度为 0.7m；4t 车高度为 0.9m；5t 车高度为 1.1m；11t 车高度为 1.3m；货柜车高度为 1.4m。

二、物流动线规划

物流动线规划是提升仓储运营效率、降低物流成本的关键环节。

（一）规划目的

物流动线规划指在智慧仓储系统中，通过科学合理的规划与设计，确定货物从入库到出库的全过程中，货物在仓库内各功能区域之间的移动路径和流程。其目的在于优化物流作业流程，减少搬运距离和时间，提高仓储作业的效率和准确率。

（二）物流动线的类型

根据不同的设计理念和仓库布局，物流动线可分为多种类型。

1. I 形动线（直线形动线）

I 形动线简单直接，易于管理和操作。该类型动线适用于较小的仓库或者进出货作业较为简单的情况。

2. U 形动线

该类型动线是进货区和出货区在仓库的同一侧，货物在仓库内部形成一个 U 形的流动路线。U 形动线可以提高仓库空间的利用率，减少行走距离，易于控制和做好安全防范，适合越库作业。

3. L 形动线

该类型动线是进货区和出货区分别位于仓库的两个不同侧面，形成一个 L 形的流动路线。L 形动线可以应对进出货高峰同时发生的情况，适合处理快速流转的货物，可以同时处理"快流"及"慢流"的货物。

4. S 形动线

该类型动线是进货区和出货区分别位于仓库的两个不同侧面，形成一个 S 形的流动路线。S 形动线可以满足多种流通加工等处理工序的需要，特别适用于宽度不足的仓库。

5. 分区动线

将仓库划分为不同的区域，每个区域负责不同的作业内容。该类型动线能提高作业效率，降低作业成本，但需要较高的管理和操作水平。

（三）动线规划内容

1. 功能区域布局

根据仓库的实际情况和业务需求，合理规划储存区、拣选区、包装区、发货区等功能区域的布局。各功能区域之间应保持适当的距离和通道宽度，以便货物的搬运和流通。

2. 物流动线设计

在功能区域布局的基础上，设计合理的物流动线。物流动线应清晰明确，避免交叉和拥堵现象的发生。同时，应根据货物的类型、属性和搬运方式等因素，选择适合的搬运设备，如叉车、输送带、自动化搬运机器人等。

3. 交通规划

对于大型仓库或需要车辆进出的仓库，还需要进行交通规划，包括设置合理的车辆通道、停车位和装卸区域等，以确保车辆能够顺畅进出仓库并完成货物的装卸作业。

4. 信息系统支持

智慧仓储物流动线规划还需要信息系统的支持。通过引入物联网、大数据、人工智能等先进技术，可以实现对物流动线的实时监控和管理。例如，利用 RFID 技术实现对货物的实时追踪和定位；利用大数据分析技术优化物流动线的规划和调度等。

三、货位规划管理

货位规划是智慧仓储系统设计与优化中的重要环节，它涉及仓库内部空间的合理利用、货位布局的优化及仓储作业流程的顺畅性。

（一）货位规划原则

储存策略是货位规划的基础，因此，在确定储存作业的实际运作模式时，必须结合货位规划原则进行综合考量。

1. 以周转率为基础分配货位

物品储存位置可依据物品的流动性及仓库出入口位置来决定。物品的流动性即物品的出入库频率。将物品的出入库频率由大至小排成一个序列，再将此序列分为若干段，通常可分为三段至五段。然后将属于同阶段的物品列为同一级，根据货位分配和分类储存的原则来指定其储存区域。

如果仓库的出入口在同一个门，则按照流动性的高低，以门口为圆心呈半圆形分布，流动性高的物品尽可能接近出入口处，如图 2-1 所示。

如果进出仓库的门位置不同时，则依该项物品进仓次数与出仓次数的比值大小来决定储存位置。表 2-1 所示为某仓储中心 A~H 八种物品进出仓库的情况，当出入口分别在仓库的两端时，可依物品进仓与出仓的次数比率来规划其储存位置。

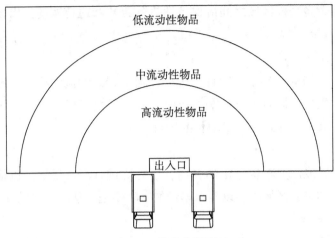

图 2-1　货位分配原则

表 2-1　　　　　　　　　　　某仓储中心 A~H 八种物品进出仓库情况

产品	进货量	进仓次数（次）	出货量	出仓次数（次）	进仓次数/出仓次数
A	40 托盘	40	1 托盘	40	1.0
B	200 箱	67	3 箱	67	1.0
C	1000 箱	250	8 箱	125	2.0
D	30 托盘	30	0.7 托盘	43	0.7
E	10 托盘	10	0.1 托盘	100	0.1
F	100 托盘	100	0.4 托盘	250	0.4
G	800 箱	200	2 箱	400	0.5
H	1000 箱	250	4 箱	250	1.0

　　当进仓次数与出仓次数相同时，是最常用的物品，应沿着连接入口与出口的直线加以储存，但搬运次数越多者，应越接近通道。当进仓次数与出仓次数的比值小于 1.0 时，应将物品储存在连接入口与出口的直线且靠近出口处。当进仓次数与出仓次数的比值大于 1.0 时，应将物品储存在连接入口与出口的直线且靠近入口处。货位规划如图 2-2 所示。

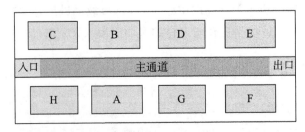

图 2-2　货位规划

2. 货品特性原则

货品特性原则指根据货品特性，进行货位分配的原则。①相关性大（如互补品或替代品）的商品在订购时容易被同时订购或者可以在一种商品缺货时用另外一种代替，所以应尽可能存放在相邻位置。商品相关性大小可以通过历史订单数据分析求得。②产品同一性法则是指把同一种商品储存在同一保管位置的原则。当同一种商品散布于仓库内多个位置时，在商品储存、取出、盘点等方面都可能存在不便和困难。③重量特性法则指按照商品重量的不同来决定商品保管场所的位置。一般而言，重的商品应保管在地面上或货架的下层位置，而轻的商品则保管在货架的上层位置。若是以人工进行搬运作业，人的腰部以下的高度用于保管重的商品或大型商品，而腰部以上的高度则用来保管轻的商品或小型商品。④产品相容性法则指相容性高的商品可以同仓或同架存放，而相容性低的商品必须远离放置，必要时需要分仓存放。

3. 先进先出原则

先进先出原则指先入库保管的商品先出库的原则，一般适用于寿命周期短的商品。作为库存管理的手段来考虑时，先进先出是必须的，但是若在产品形式变化少、产品寿命周期长、保管时有减量和破损等情况出现时，则要考虑先进先出的管理费用及采用先进先出所得到的利益，将两者进行比较后，再来决定是否要采用先进先出原则。另外，对于易腐败变质的商品，应考虑先到期先出货的原则。

4. 叠高的原则

叠高即像堆积木般将商品叠高。从仓储中心整体有效保管的观点来看，提高保管效率是必须的，而利用托盘等工具来将商品堆高的容积效率要比平置方式更高。但要注意的是，若一定要先进先出或其他库存管理限制条件很严时，一味地往上叠放并非最佳的选择，应考虑使用合适的货架等保管设备，以使叠高原则不影响出货效率。例如，对于一些易碎商品，过度叠高可能导致货物损坏。

5. 面对通道的原则

面对通道原则指将商品面对通道来保管，使可识别的标号、名称让作业人员容易辨识。为了使商品的储存、取出能够容易且高效地进行，商品须面对通道来保管，这也是提升仓储中心作业流畅性及灵活性的基本原则。

6. 明确标识原则

明确标识原则指利用视觉使保管场所及保管物品容易被识别。此原则通过颜色、看板、线条、标识符号等方式，让操作管理人员一目了然，且能产生联想以帮助记忆。此原则可以将货品存取形象化和简单化，特别是在临时人员、高龄作业人员较多的仓储中心，能减少错误。

（二）常用货位分配策略

（1）随机分配：允许货物储存在库区任意位置，且各货位被使用的概率相等。这种策略有利于货位的共享，防止货位空置，但可能不利于提高拣选效率。

（2）固定分配：根据货物的属性或历史数据，为每种货物分配固定的货位。这种策略可以提高拣选效率，但可能导致某些货位长期空闲。

（3）最近空位分配：优先将货物存放在离出入口或拣选区最近的空位上。这种策略可以减少拣选路径和时间，提高拣选效率。

（4）依据分类策略分配：根据货物的属性（如价值、出入库频率等）进行分类，将同类货物存放在相邻的货位上。这种策略有利于实现精细化管理，提高仓库的利用率。

（5）基于周转率的分配：将周转率高的货物存放在离出入口或拣选区较近的位置，以便快速响应市场需求。这种策略可以缩短订单响应时间，提高客户满意度。

（三）智慧仓储货位分配的优化技术

（1）数据驱动：利用大数据分析和人工智能技术，对仓库内的货物、货位和订单数据进行深度挖掘和分析，为货位分配提供科学依据。

（2）智能算法：引入智能算法（如遗传算法、蚁群算法等），对货位分配问题进行优化求解，以实现货位分配的最优解或近似最优解。

（3）动态调整：根据仓库的实际运行情况（如订单量变化、货物属性变化等）动态调整货位分配方案，以适应业务变化的需求。

（4）可视化监控：可视化监控系统可以实时展示仓库内的货位状态和货物分布情况，帮助管理人员及时发现问题并进行调整。

四、货位编码管理

货位编码是智慧仓储系统中的重要组成部分，它通过对仓库内货位进行统一、规范的编号，实现货物的精准定位和管理。

（一）货位编码的原则

（1）唯一性：每个货位编码必须唯一，不能重复，以确保货物管理的准确性和高效性。

（2）简单性：编码规则应简单明了，方便记忆和使用，避免因复杂的编码规则带来的操作不便。

（3）可扩展性：编码规则应考虑到未来可能增加的货位，具有一定的可扩展性，方便后期对货位的管理和维护。

（4）规范性：编码规则应遵循一定的规范，确保货位编码的标准化和一致性，方便不同部门之间的信息共享和协同工作。

（二）货位编码的方法

1. 数字式编码

数字式编码是使用数字来代表货位信息的编码方法。这种方法简单易记，适用于货位固定、编码规则简单的情况。三号定位法和四号定位法是常见的数字式编码方法，就是一个货位用三个或四个数字号码来表示。例如，编号 352 代表 3 号库房、第 5 层楼、第 2 号仓间，即个位数表示仓间编号，十位数表示楼层编号，百位数表示库房编号。再如，4-7-5-6 代表货物存放在 4 号库房、7 号货架、第 5 层、第 6 号货位上，即将库房号、货架号、层数、货位四者统一编号来表示一个确定的货位。

为了防止库房、货棚、货场在有相同编号的情况下造成错觉，可在第一位数字后加上拼音字母 K、P 或 C 来表示，这三个字母分别代表库房、货棚、货场。如 13P-15-2-28 为 13 号货棚、15 号货架、第 2 层、第 28 号货位。在实践中，为方便操作人员快速找到货位，第一个数字——"库房、货棚或货场"编号，可用油漆写在库房或货棚大门口和货物入口处。第二个数字——"货区或货架"编号，可写在货位上方顶梁上或悬挂在顶梁上。第三个数字——"货区排次或货架层数"编号，可写在货架或货垛上。第四个数字——"商品具体位置、顺序"编号，可写在地面上或货架的货格上，或用标签插在商品的包装上。

2. 复合式编码

复合式编码指将商品特性、保管要求等信息与货位编码结合，形成具有多重意义编码的方式。这种方法提高了编码的灵活性和适应性，适用于多品种、小批量、高频率出入库的商品。复合式编码如图 2-3 所示。

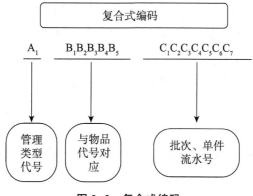

图 2-3　复合式编码

（三）货位编码的实施步骤

（1）确定货位划分规则：根据商品特性、储存需求和操作习惯确定货位划分规则，如按商品分类、拣选频率等划分。

（2）确定编码规则：根据货物的属性、特点等因素，制定相应的编码规则，编码规则包括码位长度、数字和字母的组合方式等。

（3）制作编码标签：根据货位编码规则，制作相应的编码标签，并粘贴在货位上或货物的外包装上。

（4）编码标识与维护：在货位上设置明显的编码标识，方便员工快速识别和定位货位；同时，定期对货位编码进行维护和更新，确保编码的准确性和实时性。

五、物品编码管理

智慧仓储中的物品编码是确保仓储管理高效、准确的关键环节。物品编码也称为物料编码或货物编码，是对仓库内各种物品进行唯一标识的一种手段。

（一）物品编码的重要性

1. 增强物品资料的正确性

物品的领发、验收、请购、跟催、盘点、储存、记录等一切与物品有关的活动均可通过物品编码查核，因此物品数据更加正确。

2. 提高物品管理的工作效率

以物品编码代替文字的记录，物品管理更简便，管理效率更高。

3. 利于利用计算机进行物品的管理

物品管理在物品编码推行之后，方能进一步利用计算机做更有效的处理，以达到科学管理物品的效果。

4. 降低物品库存、降低成本

物品编码利于物品库存量的控制，同时防止呆料的产生，提高物品管理工作的效率，因此可减轻资金的积压，降低成本。

5. 防止物品舞弊事件发生

物品经编码后，提高了物品记录的正确率和速度，物品储存井然有序，可以减少舞弊事件的发生。

6. 便于物品的领用

库存物品均以统一的规则进行编码。对使用部门领用物品及仓库发放物品都十分方便。

（二）物品编码的要求

1. 唯一性

同种规格同种物品对应同一个物品代码（或编码），同种物品不同规格应对应不同的物品代码。根据物品的不同性质，如重量、包装、规格、气味、颜色、形状等，赋予不同的物品代码。

2. 永久性

物品代码一经分配，基本就不再更改。

3. 无含义

为了保证代码有足够的容量以适应物品更新换代的需要，最好采用无含义的顺序码。

（三）物品编码的方法

智慧仓储中的物品编码方法有很多种，但一般遵循以下原则进行设定。

（1）分类编码法：根据物品的分类信息进行编码，如按照物料大类、中类、小类等进行划分，并赋予相应的编码。这种方法有助于实现物品的快速分类和查找。

（2）流水号编码法：在分类编码的基础上，为每个分类下的物品分配一个唯一的流水号。流水号一般按照入库顺序或特定规则进行递增，以确保编码的唯一性。

（3）组合编码法：将分类编码和流水号编码进行组合，形成完整的物品编码。例如，可以使用"大类-中类-小类-流水号"的格式进行编码。

以一个具体的智慧仓储系统为例，其物品编码可能采用如下格式："大类-中类-小类-流水号"。例如，对于某类电子产品，其编码规则可能如下。

大类：电子产品（编码为01）。

中类：手机配件（编码为02）。

小类：手机壳（编码为01）。

流水号：根据入库顺序进行递增（如0001，0002，…）。

手机壳的物品编码可以为"01-02-01-0001"。这样的编码方式既保证了物品的唯一性，又便于对物品进行分类和查找。

因此，智慧仓储中的物品编码是实现仓储管理高效、准确的重要手段。科学合理的编码规则和技术应用，有助于实现对仓库内物品的精准定位和管理，提高企业的运营效率和竞争力。

（四）物品编码的注意事项

（1）如果使用字母和数字混合编码时，应避免使用字母O、I、Z，以免书写时与数字0、1、2混淆。

（2）编码时，尽可能不用"-""#""＊"等这些符号（只是为了区分编码的段，没有任何含义），因为这些符号不便于计算机录入，而且会使编码太长。

（3）确定编码方案时，一定要保留足够的空间以方便以后的扩充；为了使编码便于书写和录入计算机，编码在满足一定要求的前提下应尽可能简短。

（4）凡是库存中可能出现的物品都应予以编码。

（5）每种物品只能有一个编码，同样，一个编码只能在库存中找到一种物品，一一对应。

（五）物品编码中的技术应用

在智慧仓储系统中，物品编码通常与物联网技术、RFID 技术、条码扫描技术等相结合，实现物品的无线识别、实时追踪和精准定位。例如，在物品上粘贴 RFID 标签，并利用 RFID 读写器进行扫描，可以快速准确地获取物品信息，并与仓储管理系统进行数据交互。或者使用条码扫描设备对物品上的条码进行扫描，可以快速读取物品编码和其他相关信息，提高仓储作业的效率和准确率。

六、基于仿真技术的仓库布局规划步骤

（一）确定初始的布局方案

虚拟化布局初始方案的确定与传统的确定初始布局方案的方法基本上是一致的，即通过收集、分析与仓库建设相关的资料，确定仓库需要具备的物流功能、物流功能区域的作业能力和面积、仓库的物流流程；通过相关性分析，确定各个功能区域在仓库内的位置，并合理配置仓库的通道、装卸平台、工作人员及设备。

这一步的主要目的是为后面的仿真提供一个初始的布局方案，是仿真运行和评价的基础，所以初始方案也要尽量做到合理，减少方案评价的工作量。初始方案确定后，将明确以下基础资料和设计结果。

（1）储存的主要货物类型、货物数量、货物特性、储存形式及其变化趋势。

（2）订单的品项和数量及其变化趋势。

（3）仓库内具备的功能区域。

（4）各个功能区域的作业能力和面积。

（5）各个功能区域在仓库内的布局，包括物流通道的布置和装卸平台的设计。

（6）仓库内一般的作业流程。

（7）仓库内配备的设备和人员。

（二）确定合理的算法和假设条件

仓库布局初始方案确定出了仓库的总体框架，接下来的任务就是将初始方案在仿真模型中准确地表达出来，并对方案进行评价。由于新建仓库（或改进仓库）通常存在若干不确定因素，所以需要借助一系列合理的算法和假设条件来对这些不确定因素进行模拟，同时尽量简化问题，因此，算法和假设条件的合理与否是仿真模型准确与否的关键因素之一，在确定算法和假设条件的过程中，通常需要借鉴其他类似仓库的经验数据。

（三）确定对初始方案进行评价的指标体系

对仓库布局初始方案的评价主要是通过建立指标体系来实现。评价指标主要包括总体布置评价指标、作业区能力评价指标、运行评价指标和费用评价指标，每一类指

标都包含定量和定性两方面的指标。其中总体布置评价指标主要评价各个作业区布置的合理性、通道布置的合理性等方面；作业区能力评价指标主要评价各个作业区的面积是否合适、作业区的作业能力及作业效率能否满足要求；运行评价指标主要评价整个仓储物流的运行效率、人员配置和机械运行流畅性等方面能否满足要求；费用评价指标主要评价在特定仓库布局条件下的仓库初期建设成本和运营成本。

（四）对仓库布局初始方案进行仿真

以初始方案为基础，根据算法和假设条件，同时本着尽可能多地体现和包含评价指标的原则，利用仿真软件对初始方案进行仿真。对于一般的仿真来说，仿真的时间可以是任意长的，而且只有经过长时间的仿真，才能排除随机因素的影响，得到比较客观的结果，所以在对仓库的布局进行仿真时，仿真的时间通常选择一个月、一个季度甚至一年。

（五）分析方案的优劣

在虚拟化仓库布局方法中，对布局方案的评价通常采用两种方法：第一种是直接观察的方法。利用仿真模型的直观性的特点，在对仓库的布局进行仿真的过程中，直接观察仓库内物流系统的运行效率、运行的顺畅性，找出比较明显的瓶颈环节。第二种是定量与定性相结合的指标评价方法。通过研究仿真结束后的评价指标，找出仓库布局的不合理环节，找出相对过大和过小的指标，如找出作业能力不足及作业能力过剩的作业区、成本过大的环节、影响物流效率最大的因素等。

（六）提出改进方案

通过对仿真模型的直接观察和对指标的评价，可以分析出影响仓库内物流效率的环节、物流设备和人员配备的满足率、各作业区之间衔接的顺畅性、作业区作业能力的满足率及增加仓库运营成本的因素等，对瓶颈环节进行分析，并有针对性地提出改进方案。通常考虑的改进方案包括：调整作业区间的位置关系、调整作业区内部的布局方式、调整作业区的形状、改变作业区的面积、调整作业区间的通道尺寸及通道布置、调整出入库站台的数量及调整人员和设备的配备数量。

（七）获得较优方案

对方案进行改进后，将仓库中作业区布局的调整及各参数的改变重新体现在仿真模型中，建立新的布局方案的仿真模型，得到新的仿真结果，然后重复第五步，对新的方案进行评价，如此反复修正，最终得到符合要求的较优方案。

值得注意的是，虚拟化布局方法虽然在布局手段和评价方法方面都有很大的改进，但这并不意味着所得的方案是最优方案，或者可以说，仓库布局没有最优方案，只能根据仓库布局的实际要求选择较为合理的方案。

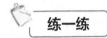

本章小结

　　本章首先介绍了智慧仓储布局规划的定义和步骤。其次，对智慧仓储的仓库选址问题进行了影响因素分析和常用方法介绍。最后，对智慧仓储的仓库平面布局规划进行了较为详细的阐述。

练一练

一、思考题

1. 简述智慧仓储布局规划的步骤。

2. 简述仓库选址的影响因素。

3. 简述物流动线的类型。

二、讨论题

　　某养殖公司仓库面积约为 $170m^2$，因储存面积较小，货物储存没有分区分类、定位码放，增加了货物存取和盘点难度，货架通道间距太小，存取货物时经常把货物标识卡及货物刮掉，存取货物费时费力，根据作业和管理需要应划分的收货区、待检入库区、待退换货区、待配送出库区都没有，货物集中到货时把仓库空间填满，发货时需要倒挪，增加了货物的搬运次数与移动距离，工作效率较低。因仓库储存面积有限，各门店需要的货物没有规划到中央仓库管理，货物直接配送到各个门店，增加了物流费用，也不利于货物的统筹管理。仓库大门为外开式，设计不合理，因大风天气较多，开大门时大风易把门刮坏。没有设计带顶棚的货物出入平台，不利于雨雪天气装卸货物。仓库没安装通风设施，夏季天气炎热，不利于货物保存。地面没做很好的处理，不利于打扫和保持卫生。

　　请回答：（1）如何根据仓库面积和货物特性合理规划储存区域？

　　（2）如何优化货架布局和通道宽度以提高存取效率和安全性？

　　（3）如何规划仓库内部物流动线以减少搬运次数和移动距离？

第三章　智慧仓储的软硬件系统

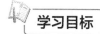 **学习目标**

- 熟悉智慧仓储软件系统。
- 熟悉智慧仓储硬件设备。
- 熟悉智慧仓储中的技术应用。
- 提升民族自豪感和责任担当。
- 培养创新意识和质量意识。

 导入案例

日日顺物流再树大件智能仓储新标杆

青岛日日顺物流作为行业领导品牌，自成立以来始终专注于大件物流领域，并坚持在智能仓储上先行先试。2018 年，全国首个大件智能仓——日日顺物流黄岛智能仓被评为"国家智能化仓储物流示范基地"。2020 年 6 月 14 日，日日顺物流建成的大件物流首个智能无人仓正式启用，为行业树立起新的标杆。该无人仓将全景智能扫描站、关节机器人、龙门拣选机器人等多项智能设备首次集中应用在大件物流仓储环节，还采用了视觉识别、智能控制算法等人工智能技术，实现了无人仓 24 小时黑灯作业。该无人仓的启用，无疑是日日顺物流布局"新基建"的重要里程碑，同时也为大件智能仓储树立起新的典范。

讨论：智能物流仓技术应用的比较。

第一节　智慧仓储软件系统

一、订单管理系统

订单管理系统（Order Management System，OMS）是供应链管理系统的一部分，通过对客户订单进行管理及跟踪，动态掌握订单的进展和完成情况，提升物流过程的作业效率，从而节省运作时间和作业成本，提高物流企业的市场竞争力。

（一）订单管理系统的结构

订单管理系统以订单为主线，对物流执行过程实现全面和统一化的计划、调度和优化，可以满足订单接收、订单拆分与合并、运送和仓储计划制订、任务分配、物流成本结算、事件与异常管理及订单可视化等不同需求。

订单管理系统是一个从用户下单，到货物出库、配送、退换、评价等的订单全生命周期管理平台。订单管理系统的设计与使用是基于海量订单数据的环境，使用大数据的离线实时计算等技术实现订单数据的监控管理，并应用机器学习算法为第三方商家提供专业的评级体系。

（二）订单管理系统的功能模块

订单管理系统的主要功能是通过整合订单信息，为用户提供一站式的供应链服务，让用户的物流需求得到满足。从业务场景来看，订单管理系统有五大功能模块：可视化报表模块、订单出库模块、订单售后模块、商家数据模块、出库实时监控模块。

1. 可视化报表模块

该模块主要为平台管理人员或运营人员提供指定时间区间内的订单量的变化趋势，运营人员可以查看详细数据，该模块可帮助运营人员快速定位，发现问题，为其提供对应的店铺信息。

2. 订单出库模块

该模块提供的是订单出库相关数据，在该模块中，平台管理人员可以查看小时、天、周、月等级别的订单出库数量。与可视化报表模块相似，平台管理人员可以查看相关店铺的出库订单数据。

3. 订单售后模块

该模块与订单出库模块相似，为平台管理人员提供订单售后相关数据。管理人员可以选择对应行业的数据，也能查看店铺维度的数据。同时，该模块支持平台管理人员查看指定订单的处理状态。

4. 商家数据模块

商家数据模块为商家提供其店铺相关数据，包括订单各个状态的数据，并为商家提供相关行业的分析，帮助商家提升服务质量。在允许商家查看其历史订单数据的同时，也根据商家的历史订单为商家分析其对应的评分等级。

5. 出库实时监控模块

该模块为电商平台提供实时出库订单监控，并将统计结果存入数据库，配合后台进行展示。同时为系统提供开关，在淡季或订单量不大的情况下，可以关闭实时统计功能。

二、仓储管理系统

仓储管理系统（Warehouse Management System，WMS）指对物品的入库、出库、盘点及其他相关仓库作业，以及仓储设施设备、货区货位等实施全面管理的计算机信息系统。该系统集成了入库业务、出库业务、仓库调拨、库存调拨和虚仓管理等功能，并综合运用批次管理、物品对应、库存盘点、质检管理和即时库存管理等功能，能够有效控制并跟踪仓库业务的物流和成本消耗，助力企业实现和完善仓储信息管理。

（一）仓储管理系统的特点

WMS 可以独立执行库存操作，也可以实现物流、仓储与企业运营、生产、采购、销售的智能化集成，可为企业提供完整的物流管理流程和财务管理信息。具体来说，WMS 具有以下特点。

（1）货位精确管理，状态全面监控，充分利用有限仓库空间。

（2）货品上架和下架全智能，按先进先出自动分配货位，避免人为错误。

（3）实时掌控库存情况，合理控制企业库存。

（4）通过对批次信息的自动采集，实现对产品生产或销售过程的追溯。

（二）仓储管理系统的功能

WMS 是智慧仓储的管理核心，承担出入库管理、盘库管理、查询打印及显示、仓库经济技术指标计算分析管理等功能。

WMS 可实现以下功能。

（1）仓储管理系统能够满足不同业务模式下的仓库管理需求，包括面向商家对顾客（B2C）业务的国内电商仓、海外仓、跨境进口保税仓，以及面向商家对商家（B2B）业务的各类仓库。

（2）仓储管理系统支持多仓协同管理，并可针对每个仓库进行个性化流程配置，根据业务需求灵活实现简单管理或精细化管理。

（3）仓储管理系统提供全面的仓库操作功能，涵盖收货、入库、拣货、出库、库存盘点、移库等环节。

（4）仓储管理系统具备多样化的策略规则，可实现智能分仓、智能上架、智能拣货等智能化操作。

（5）仓储管理系统支持自动识别技术，并可与自动分拣线、自动拣货小车等物流辅助设备集成，有效提升仓库作业的自动化水平。

（6）仓储管理系统通过指引仓库人员作业，提高作业效率，同时减少人为差错。

（7）以仓储管理系统为导向的仓库管理模式，可确保库存准确率，提升操作效率，通过合理控制库存，提高资产利用率，降低现有操作规程和执行难度。

（8）仓储管理系统便于制订合理的维护计划，保证数据及时准确，可降低成本，为管理者提供可靠的决策依据。

当然，不同的软件公司开发出的 WMS，其功能也会有差异。

三、仓储控制系统

仓储控制系统（Warehouse Control System，WCS）可以协调各种物流设备（如输送机、堆垛起重机、穿梭车及机器人、自动导引车等）之间的运行，主要通过任务引擎和消息引擎，对任务进行优化分解，并分析执行路径，为上层系统的调度指令提供执行保障和优化方案，进而实现对各种设备系统接口的集成、统一调度和监控。

WCS 是位于仓储管理系统与物流设备之间的中间层，负责协调、调度底层的各种物流设备，使底层物流设备可以依据仓储管理系统的业务流程开展工作，并且这个过程遵循预先设定的流程，WCS 是保证整个物流仓储系统正常运转的核心系统。

（一）仓储控制系统的特点

（1）明确了 WMS 与设备无关的概念，结构清晰，易于维护。

（2）明确了 WMS 与监控系统的职责，各司其职，避免交叉。

（3）对于大型物流中心，大大减少了联合调试的时间。

（4）系统稳定性大大增强。

（5）便于远程部署 WMS，尤其是云端系统的部署变得可行。

WCS 是智慧仓储的控制中心，沟通并协调管理计算机、堆垛起重机、出入库输送机等；控制和监视整个智慧仓储的运行，并根据计算机或自动键盘的命令组织流程，监视现场设备运行情况和状态、货物流向及收发货情况。

WCS 是仓库内各种设备、子系统密切配合，完成一个完整的仓库作业的前提。WCS 可以统一监测仓库内所有设备的运行状态，这不仅便于设备的管理、维护，还能为仓库的优化升级提供参考信息。

（二）仓储控制系统的功能模板

WCS 与上位系统对接，实现设备智能调度与控制管理，WCS 接收仓储管理系统的作业指令，经过整理、组合形成自动化的作业指令，分发给各设备。同时，接收各设备的现场状态，反馈给仓储管理系统。WCS 的主要功能包括任务管理、设备调度、设备监控、物流监控、故障提示、运行记录等。

（1）任务管理：接收 WMS 传递的物流任务计划，并实时反馈任务状态。

（2）设备调度：协调输送系统与设备之间的运行，完成 WMS 下达的任务，并能调度输送设备回到初始位置。

（3）设备监控：实时监控与 WMS 的连接状态，监控物流设备的运行状况与任务执行情况，实现执行过程实时模拟。

（4）物流监控：可实现物品状态的在线查询，通过设备编号来查询、显示相应的物品信息和设备信息。

（5）故障提示：设备出现故障时，单击设备图标，可以查看故障原因。

（6）运行记录：详细记录设备运行情况，包括设备通信记录、设备故障记录及操作记录。

WMS 一般会根据生产计划或发货计划，在特定的时间批量下发任务到仓库，WCS 接收到多个任务后，其任务引擎会将所有任务根据执行步骤拆分为许多个子任务，一旦某个子任务满足执行条件，WCS 就控制负责这个环节的设备或子系统来完成这个动作，从而实现 WMS 任务的并行执行。

第二节　智慧仓储硬件设备

一、自动化储存设备

自动存取系统（Automated Storage and Retrieval System，AS/RS）指借助机械设施与计算机管理控制系统实现物料存入或取出的系统。该系统一般以自动化立体仓库为核心，采用高层立体货架来储存货物，用相同的物品搬运设备进行货物入库和出库作业。它利用立体仓库设备可实现仓库高层合理化、存取自动化、操作简便化。

自动存取系统综合利用计算机、云计算、互联网和物联网等相关先进技术，将高层立体货架、升降设备、自动出入库输送装备等集成。结合自动化搬运设备、自动化分拣设备等，形成具有一定感知能力、自行推理判断能力、自动操作能力的智慧系统。

自动存取系统包括自动化立体仓库和穿梭车密集型仓储系统。

下面以穿梭车密集型仓储系统为例，介绍主要设备的特点。

（一）高层立体货架

高层立体货架是智慧仓储中自动存取系统的重要组成部分，主要功能为存放物资。按照形式的不同，高层立体货架分为钢制结构货架和钢筋混凝土结构货架。企业仓库多用钢制结构货架。按承载能力的不同，高层立体货架大致分为重量型货架、中量型货架及轻量型货架三种形式。按照货架配套使用的容器单元的不同，高层立体货架分为托盘式立体仓库货架和料箱式高层立体货架（见图 3-1）两种。

在智慧仓储中，托盘式立体仓库货架和料箱式高层立体货架均较常见。其中，料箱式高层立体货架可用于多品种货物的储存，应用较广。

（二）穿梭车

穿梭车（RGV）是物流系统中一种执行往复输送任务的小车，其基本功能是在物流系统中（平面内）通过轨道上的往复运动完成货物单元（主要是托盘和料箱）的输送。穿梭车密集型仓储系统基于高层立体货架、穿梭车及提升机等设备，配合 WMS 完成货物出入库作业，具有较高空间利用率和存取效率。图 3-2 所示为穿梭车。

图 3-1 料箱式高层立体货架

图 3-2 穿梭车

穿梭车密集型仓储系统是自动化程度较高的密集仓储形式，作为一种独特的自动化物流系统，主要解决了货物密集储存与快速存取的难题，空间利用率可达 80%～85%，成为应用广泛的新型物流仓储系统。穿梭车具有动态移载的特点，能让物品在不同工位之间的输送布局更加紧凑、简洁，从而提高物品的输送效率。在电控系统的控制下，穿梭车借助编码器、激光测距等认址方式精确定位各个输入、输出工位，接收物品后进行往复运输。穿梭车主要应用于自动化物流系统中单元物品高速、高效的平面自动输送，展现出高度的自动化和灵活性。特别是随着穿梭车电池、通信和网络等关键技术的发展，穿梭车密集型仓储系统将得到更广泛的应用。

（三）提升机

提升机主要包括货物提升机和穿梭车提升机两种，主要配置在仓库主巷道两端，实现货物和穿梭车的换层作业。图 3-3 所示为提升机。

提升机可同时满足货物和穿梭车上下换层输送的需求，可与仓储控制系统进行无障碍通信，实现作业流程协同一致。为保证货物转运效率和系统稳定运行，提升机应具有一定的运载能力和运行速率。合理配置穿梭车及提升机可极大提高空间利用率和出入库效率，尤其适合货品数量大、货物较重、出入库量大、货物体积规格标准的自动化密集型仓库等应用场景。

图 3-3　提升机

二、自动化装卸搬运设备

装卸搬运是指在同一地域范围内进行的、以改变货物存放状态和空间位置为主要目的的活动。该环节采用一系列的设备,高效、合理地对物品进行移动或控制。

(一) 巷道式堆垛机

巷道式堆垛机是通过运行机构、起升机构和货叉机构的协调工作,完成货物在货架范围内的纵向和横向移动,实现货物存取的设备。

巷道式堆垛机是立体仓库中用于搬运和存取货物的主要设备,是随立体仓库的使用而发展起来的专用起重机。巷道式堆垛机的主要用途是在高层立体货架的巷道内来回穿梭运行,将位于巷道口的货物存入货格,或者取出货格内的货物运送到巷道口。图 3-4 所示为巷道式堆垛机。

图 3-4 巷道式堆垛机

(二) 输送机

输送机是以连续的方式沿着一定的路线从装货点到卸货点均匀输送货物的机械设备。自动化立体仓库通过计算机、传感器、控制器和执行器统一控制输送机运行,自动完成货物从货架区到出入库台的搬运工作。

输送机有多种分类形式:按照输送介质,可分为带式输送机、链式输送机、滚柱式输送机（见图3-5）等；按照输送机所处位置，可分为地面输送机、空中输送机和地下输送机；按照结构特点，可分为具有挠性牵引构件的输送机和无挠性牵引构件的输送机；按照安装方式，可分为固定式输送机和移动式输送机；按照输送货物的种类，可分为输送件货输送机和输送散货输送机；按照输送的动力形式，可分为机械式输送机、惯性式输送机、气力式输送机、液力式输送机等。

图3-5　滚柱式输送机

三、自动化分拣设备

自动化分拣设备主要根据用户的要求、场地情况，对货品按用户、地名、品名等进行自动分拣连续作业。自动化分拣设备是仓储中心进行货品分拣的关键设备。按照分拣机构的结构，自动化分拣设备可分为以下几种常见的类型。

（一）分拣机

1. 挡板式分拣机

挡板式分拣机利用一个挡板（挡臂）挡住在输送机上向前移动的商品，将商品引导到一侧的滑道排出。挡板可以将挡板一端作为支点进行旋转。挡板动作时，像一堵墙一样挡住商品，利用输送机对商品的摩擦力，使商品沿着挡板表面移动，从主输送机上排出至滑道。平时挡板处于主输送机一侧，可让商品前移；如挡板做横向移动或旋转，则商品就排向滑道。挡板一般安装在输送机的两侧，和输送机的输送表面不接触，即使在操作时也只接触商品而不触及输送机的输送表面，因此它对大多数形式的输送机都适用。挡板式分拣机如图3-6所示。

图3-6　挡板式分拣机

2. 滑块式分拣机

滑块式分拣机是一种形式特殊的条板输送机。输送机的表面由金属条板或管子构成，如竹席状，而在每个条板或管子上有一枚用硬质材料制成的导向滑块，能沿条板做横向滑动。平时滑块停止在输送机的侧边，滑块的下部有销子与条板下导向杆连接，通过计算机控制，当被分拣的货物到达指定道口时，控制器使导向滑块有序地自动向输送机的对面一侧滑动，把货物推入分拣道口，从而将商品推出主输送机。这种方式是将商品侧向逐渐推出，并不冲击商品，故商品不容易被损伤，它对分拣商品的形状和大小适用范围较广，是目前国内外广泛应用的一种新型高速分拣机。图3-7所示为滑块式分拣机。

3. 浮出式分拣机

浮出式分拣机是将商品从主输送机上托起，从而将商品引导出主输送机的一种分拣设备。根据引离主输送机的方向，浮出式分拣机可分为两种。一种是引出方向与主输送机构呈直角；另一种是引出方向与主输送机构呈一定夹角（通常是30°~45°）。一般是前者比后者工作效率低，且对商品容易产生较大的冲击力。根据分拣机的结构，浮出式分拣机大致可分为胶带浮出式分拣机和辊筒浮出式分拣机（见图3-8）。

图 3-7　滑块式分拣机

图 3-8　辊筒浮出式分拣机

4. 倾斜式分拣机

倾斜式分拣机主要包括条板倾斜式分拣机和翻盘式分拣机。

（1）条板倾斜式分拣机

这是一种特殊的条板输送机，商品装载在输送机的条板上，当商品移动到需要分拣的位置时，条板的一端自动升起，使条板倾斜，从而将商品移离主输送机。商品占用的条板数随不同商品的长度而定，经占用的条板如同一个单元，同时倾斜，因此，这种分拣机在一定程度上不受商品长度的限制。条板倾斜式分拣机如图 3-9 所示。

图 3-9　条板倾斜式分拣机

（2）翻盘式分拣机

这种分拣机由一系列的盘子组成，盘子为铰接式结构，向左或向右倾斜。装载商品的盘子运行到一定位置时，盘子倾斜，将商品翻到旁边的滑道中，为减轻倾倒时对商品的冲击力，有的分拣机能以抛物线轨迹倾倒出商品。这种分拣机对分拣商品的形状和大小无特殊要求，但以不超出盘子为限。长条形商品可以跨越两只盘子放置，倾倒时两只盘子同时倾斜。这种分拣机常采用环状连续输送的形式，其占地面积较小，又由于是水平循环，使用时可以分成数段，每段设一个分拣信号输入装置。图 3-10 所示为翻盘式分拣机。

5. 托盘式分拣机

托盘式分拣机（见图 3-11）是一种应用十分广泛的机型，它主要由托盘小车、驱动装置、牵引装置等组成。其中托盘小车形式多种多样，有平托盘小车、交叉带式托盘小车等。

图 3-10　翻盘式分拣机

图 3-11　托盘式分拣机

6. 悬挂式分拣机

悬挂式分拣机（见图3-12）是用牵引链（或钢丝绳）作牵引件的分拣设备，按照有无支线，可分为固定悬挂和推式悬挂两种机型。前者用于分拣、输送货物，只有主输送线路，吊具和牵引链是连接在一起的；后者除主输送线路外还具备储存支线，有分拣、储存、输送货物等多种功能。

悬挂式分拣机适合于分拣箱类、袋类货物，对包装物形状要求不高，分拣货物重量大，一般可达100kg，但这种分拣机需要专用场地。

图3-12 悬挂式分拣机

7. 滚柱式分拣机

滚柱式分拣机（见图3-13）是用于对货物进行输送、储存与分路的分拣设备，按处理货物流程需要，可以布置成水平形式，也可以和提升机等联合构成立体形式。

滚柱式分拣机中的每组滚柱（一般由3~4个滚柱组成，与货物宽度或长度相当）均具有独立的动力，可以根据货物的存放和分路要求，由计算机控制各组滚柱的转动或停止。滚柱式分拣机适用于包装良好、底面平整的箱装货物。

图3-13 滚柱式分拣机

（二）机器人分拣设备

1. AGV 拣选机器人

AGV 拣选机器人是基于 AGV 技术，能够按预设程序和路径，自动行驶到指定地点进行货物拣选操作的机器人。AGV 拣选机器人具有行动快捷、工作效率高、结构简单、可控性强、安全等优势，在自动化物流系统中能充分体现其自动性和柔性，实现高效、经济、灵活的无人化物流作业。图 3-14 所示为 AGV 拣选机器人。

图 3-14　AGV 拣选机器人

2. 可移动式货架

可移动式货架也称 AGV 搬运机器人货架，是配合 AGV 搬运机器人实现低成本智能自动化的仓储货架。它具有结构简单、价格低廉、使用方便等特点，在作业过程中可以大幅减少多余的步骤，减少不必要的人员岗位设置，实现产品质量可追溯等，并可以提高货物在储存、分拣等方面的工作效率。图 3-15 所示为可移动式货架。

3. 固定式分拣机器人

固定式分拣机器人（见图 3-16）可以智能识别包裹信息，快速完成扫码和称重。固定式分拣机器人可大量减少分拣过程中的人工需求，提升分拣效率和自动化程度，大幅提升分拣准确率。随着大数据算法的日趋完善、快递信息的逐步标准化、智能控制系统的集成化，固定式分拣机器人现已成为物流行业从密集型向智能化转型的高度适配产物。

图 3-15 可移动式货架

图 3-16 固定式分拣机器人

4. GAS

智能闸门开启式分拣系统（Gate Assort System，GAS），又称智能翻盖分拣系统

（见图3-17），是一套围绕如何避免错误发生而开发应用的辅助拣选设备，该套设备让拣选作业更加直观，有效降低人为误差，极大地提高拣选效率及正确率。GAS通过翻盖式的醒目设计，在每个分拣口上设置翻盖组件，拣选人员只需将商品投入翻盖为开启状态的分拣口，最大限度地防止分拣错误的发生。

图3-17　智能翻盖分拣系统

四、自动化码垛设备

自动化码垛设备是一种高效的物流设备，广泛应用于生产线和现代化仓储中心，用于将物料按照一定的规则和顺序堆叠起来或将货垛拆开，可以实现堆垛和拆垛作业。码垛机器人是一种仿人操作、自动控制、可重复编程的机电一体化生产设备，能在三维空间中完成各种规定的作业。随着物流业的发展，码垛机器人在国内外得到了广泛应用。自动化码垛设备的应用在我国起步较晚，但发展迅速，已在多个行业广泛应用，技术不断突破。图3-18所示为码垛机器人。

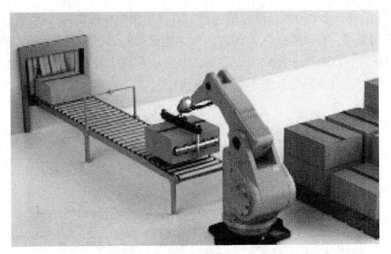

图 3-18　码垛机器人

第三节　智慧仓储中的技术应用

一、大数据技术

大数据（Big Data），指无法在一定时间内用常规软件工具进行捕捉、管理和处理的数据集合，是海量、高增长率和多样化的信息资产，需要具有更强决策力、洞察发现力和流程优化能力的新模式才能处理，具有体量大、种类多、产生速度快和低价值密度等特征。

大数据技术的战略意义不在于掌握庞大的数据信息，而在于对含有意义的数据进行专业化处理。换言之，如果把大数据比作一种产业，那么这种产业实现盈利的关键，在于提高对数据的"加工能力"，通过"加工"实现数据的"增值"。

大数据在物流企业中的应用贯穿整个物流企业的各个环节，主要表现在物流决策等过程中。在物流决策中，大数据技术应用涉及竞争环境的分析与决策、物流供给与需求匹配、物流资源配置与优化等。在竞争环境的分析与决策方面，为了达到利益的最大化，需要与适合的物流或电商等企业合作，对竞争对手进行全面的分析，预测其行为和动向，从而了解在某个区域或是在某个特殊时期，应该选择的合作伙伴。在物流的供给与需求匹配方面，需要分析特定时期、特定区域的物流供给与需求情况，从而进行合理的配送管理。在物流资源的配置与优化方面，主要涉及运输资源、储存资源等的配置与优化。物流市场有很强的动态性和随机性，需要实时分析市场变化情况，从海量的数据中提取当前的物流需求信息，同时对已配置和将要配置的资源进行优化，从而实现对物流资源的合理利用。

二、RFID 技术

RFID 技术是利用射频信号及空间耦合和传输特性进行的非接触双向通信技术，可实现对静止或移动物体的自动识别，并进行数据交换。RFID 具有识读距离远、识读速度快、不受环境限制、可读写性好、可同时识读多个物品等优点。随着 RFID 技术的不断进步和成本的不断降低，RFID 技术开始进入物流的供应链管理领域。

RFID 系统的数据存储在射频标签中，其能量供应以及数据交换不是通过电流而是通过磁场或电磁场实现的。RFID 系统通常由电子标签和阅读器等组成。电子标签内存有一定格式的标识物体信息的数据。该标签能够轻易嵌入或附着于物体，并对所附着的物体进行追踪定位；可读取距离远，存取数据时间短；标签的数据存取有密码保护，安全性更高。

RFID 技术与互联网、通信等技术相结合，可实现全球范围内物品的跟踪与信息共享。智慧仓储可以通过 RFID 技术实现物资从仓储到使用者的全程管理。任何商品在生产后，相关信息可以以条码和 RFID 电子标签的方式存储。在物资的流通过程中，可以通过扫描枪或 RFID 阅读器等读取这些信息，通过物资流通中的信息获取，可以完全跟踪物资的位置。因此对于物流管理应用而言，RFID 技术是一项非常适合的技术。

三、AR 技术

增强现实（Augmented Reality，AR）技术在智慧仓储领域的应用正逐渐成为物流和供应链管理的创新趋势。通过将虚拟信息叠加到现实世界中，AR 技术能够提高仓储操作的效率和准确率，同时降低成本。

在仓储管理中，AR 技术的应用包括但不限于以下几个方面。

（1）实时信息展示：AR 技术可以将货物的数量、位置、重量等信息实时展示给工作人员，减少查找时间，提高效率。

（2）智能导航：通过 AR 设备，工作人员可以得到仓库内的实时导航指引，减少迷路和寻找货物的时间，提高工作效率和准确率。

（3）货物追踪和管理：AR 技术能够帮助扫描和识别货物，将其与系统中的记录进行匹配，实现实时更新和管理，减少人为错误和漏洞。

（4）远程协作和培训：AR 技术支持远程协作，使专家可以实时指导仓储工作，同时也方便对新员工进行培训。

（5）数据整合与分析：通过整合 AR 采集的数据，仓储管理可以进行更深入的大数据分析，了解操作效率、库存状况和其他关键指标，从而做出优化决策。

AR 技术在智慧仓储中具有广阔的应用前景，能够显著提升仓储管理的智能化水平，优化物流效率，并为企业带来更高的运营效能和成本效益。

四、AGV

自动导引车（Automatic Guided Vehicle，AGV）指车体上装备有电磁学或光学等导引装置、计算机装置、安全保护装置，能够沿设定的路径自动行驶，具有物品移载功能的搬运车辆。

AGV集声、光、电、计算机技术于一体，应用了自控理论和机器人技术，装配有电磁学或光学等导引装置，能够按照使用人员设定好的路径行驶，具备目标识别、避让障碍物和移载等功能，同时具有自我保护的应急能力。

AGV一般由导向传感器、微处理器、通信装置、移载装置和蓄电池等构成。微处理器是控制核心，把AGV的各部分有机联系在一起，通过通信装置接收地面管理站传来的各种指令，同时不断地把车辆的位置信息、运行状况等数据传回地面管理站。AGV首先要根据模拟工作地图进行编程，然后按照预定程序完成行走轨迹，当传感器检测出的位置信号超出预定轨迹位置时，数字编码器把相应的电压信号送给控制器，由控制器根据位置偏差信号调整电机转速，进行偏差纠正，从而实现AGV行走系统的实时控制。

五、无人仓技术

无人仓技术是智慧物流领域的一项重要创新，它通过集成先进的自动化设备和智能系统，实现了仓储作业流程操作的无人化。无人仓的核心优势在于提高效率、降低成本、提升作业的准确性和安全性。

（1）自动化设备。无人仓中使用的自动化设备包括自动化立体仓库、AGV（自动导引车）、AMR（自主移动机器人）、机械臂、自动包装机等。这些设备能够自动完成货物的储存、搬运、拣选、包装等任务。

（2）智能系统。无人仓的"智慧大脑"通常由仓储管理系统（WMS）、仓储控制系统（WCS）、运输管理系统（TMS）等组成。这些系统通过数据分析和智能算法，实现对仓库内所有设备的智能调度和优化管理。

（3）关键技术。无人仓技术的发展依赖于物联网、大数据、人工智能、机器视觉、激光导航等技术的进步。这些技术使各种设备高效协同作业，并对复杂场景做出智能响应。

本章小结

本章主要介绍了智慧仓储中常用的智慧仓储软件系统，其中包括仓储管理系统、仓储控制系统；介绍了常用的智慧仓储硬件设备，其中包括自动化储存设备、自动化装卸搬运设备、自动化分拣设备、自动化码垛设备等；还介绍了智慧仓储中的技术应用。

练一练

1. 请简述 OMS 的概念并阐述其在供应链管理中的作用。

2. 什么是 WMS？其主要特点和功能是什么？

3. 什么是 WCS？其主要特点是什么？

4. 简述 AGV 拣选机器人的应用场景。

5. 简述自动化分拣设备有哪些。

6. 简述智慧仓储中应用的技术有哪些。

第四章　智慧仓储的作业管理

学习目标

● 掌握智慧仓储的入库管理。

● 掌握智慧仓储的出库管理。

● 掌握智慧仓储的在库保管和盘点工作。

● 掌握智慧仓储的其他作业管理内容。

● 培养爱岗敬业、诚实守信的价值观。

● 培养严谨求实的科学态度和合规意识。

导入案例

安踏晋江仓打造新型智慧仓储作业管理系统

安踏为了推进 DTC（Direct to Consumer，直接面对消费者）模式，与深圳市海柔创新科技有限公司合作，对晋江物流园的智能仓储中心（晋江仓）进行了升级，共同打造新型智慧仓储系统。拣选作业是鞋服企业仓储作业的难点和挑战。一方面，仓库员工流失率高是该行业普遍存在的情况；另一方面，个性化的消费需求使 SKU（Stock Keeping Unit，库存单位）激增，订单变得更加零散和碎片化，传统的储存和作业模式不再适用。除了这些共性问题，DTC 模式还对安踏原有的物流体系提出了更高要求，包括更大的拆零作业量和时效性更强的订单交付能力，需要更加柔性、灵活和高效的仓储系统，来实现商品的快进快出，提高供应链响应能力，降低库存积压风险。安踏晋江仓采用的 ACR（箱式仓储机器人）解决方案，衔接了从入库、上架，到拣选、出库的所有作业流程，并在库内布局设计和设备组合应用方面实现了一系列优化。安踏体育年报显示，安踏在物流和供应链体系的智能化升级方面成效显著，区域仓及云仓的零售物流网络实现了全国布局，货品平均周转时间加快了 15 天以上，单件物流成本降低超 15%。

讨论：该案例带给我们的启示。

第一节　智慧仓储的入出库管理

一、智慧仓储的入库管理

（一）入库准备工作

在智慧仓储管理活动中，仓储管理系统根据录入的仓储合同和物品相关信息，自动编制物品入库作业计划，入库作业计划涉及物品入库数量和入库时间等，主要包括入库物品的品名、规格、数量、计划入库日期、所需仓容、仓储保管条件等。

入库前的准备工作主要包括以下几项内容。

1. 组织人力

WMS 根据物品送达的时间、地点、数量、接运方式等信息，判断是否需要安排工作人员，如需安排工作人员，根据需要安排合适数量的人员，做好到货接运、检验等工作，并编制好人员安排表下发到相关部门，以保证货物到达后，人员及时到位。

2. 设备及器具准备

WMS 根据接收物品的种类、包装、数量及接运方式等信息，判断搬运、检验和计量的方法，合理配备所需车辆、检验和计量器具、装卸搬运和堆码的设备、隔离苫垫的材料及必要的防护用品，并将相关内容记入表并下发到相关部门。

3. 划分物品存放位置

WMS 综合考虑仓库的类型、规模、经营范围、用途，以及物品的品种、数量、储存时间、自然属性、保养方法等，结合物品的堆码要求，核算所需的货位面积，确定具体的存放位置。WMS 应根据物品的实际情况选择合适的物品分类储存方法，或事先根据仓库的性质确定分类储存的方法，给物品分配货位。

4. 整理物品存放区域

在确定物品的具体存放位置后，为便于物品的存放及保养，应对相应的区域进行适当的整理，包括保证存放空间可得、现场清洁卫生及有充足的苫垫用品等。

（二）接运

接运涉及供应商、承运方、保险公司和采购部门等，是物资入库前的重要环节。接运的主要执行人是仓储企业的提运人员。仓储企业在接运时必须要清楚物品在接收之前是否发生过一些意外情况，如碰撞等，物品是否和相关单据所列情况相符，如规格、数量等是否相符，认真核查，初步查验，确保货物质量合格、数量正确、包装完好、单证和手续齐全，才能接收入库。

接运的方式大致可分为 4 种类型。

1. 专用线接货

专用线通常是指铁路专用线，或是由单位管理的与国家铁路或者其他铁路接轨的岔线。当对接好货位后，为了防止误卸和划清货物运输事故责任，给后续的货物验收和保管提供便利，需要做好卸车前的检查工作，卸车前的检查内容及卸车时的注意事项如表 4-1 所示。

表 4-1　　　　　　　　　　　　卸车前的检查内容及卸车时的注意事项

卸车前的检查内容	卸车时的注意事项
核对车号； 检查车门、车窗有无异状，铅封是否脱落、破损或印文是否清楚、符合要求等；货物名称、件数与货运单上填写的名称、件数是否相符； 对盖有篷布的敞车，应检查覆盖状况是否严密完好，尤其应查看有无雨水渗漏的痕迹和破损、散捆等情况	按车号、品名、规格分别堆码，做到层次分明，便于清点，并标明车号及卸车日期； 注意外包装的指示标志，要正确勾挂，防止包装和货物损坏； 妥善苫盖，防止受潮和污损； 对品名不符、包装破损、受潮或损坏的货物，应另外堆放，标注清楚，并会同承运部门进行检查，编制记录

卸车完毕后，检查车内货物是否卸净，关好车门、车窗，通知车站取车。

2. 车站、码头提货

车站、码头提货是针对货物由铁路部门、水运部门等转运而来，需要仓库人员到目的车站或码头接收的一种接运方式。

3. 到供货单位提货

这种接运方式指仓库受货主委托直接到供货单位提货，一般需要将接货和检验工作结合起来同时进行。

4. 库内接货

这种接运方式指承运单位或供货单位直接将货物运送到储存仓库。

在接运货物过程中，做好卸车记录，记录清楚卸车货位、货物规格、数量等，连同有关证件和资料等通过移动智能设备上传至 WMS，并转发至保管人员或验收人员，使其清楚掌握接运情况，办好内部交接手续。

（三）办理交接

货物到库后，WMS 进行电子审单，检查入库凭证，根据入库凭证开列的收货单位、货品名称、数量和规格等与送交的货物进行核对，核对无误后，再进行下一道工序。货物完成卸货后，可根据货物的品种和类型进行分类，然后对其进行电子标签的粘贴。一般电子标签的粘贴以箱或托盘为单位，便于后续的管理。完成电子标签的粘贴后，统一对其进行数据初始化，即货物电子标签的数据录入，这一步工作应结合商品包装二维码及供货单位提供的相关数据信息，使用固定读写器或者手持读写器完成。

完成电子标签的粘贴和数据录入后，要对到货情况进行初步检查验收，其工作内容主要包括数量检验和包装检验。可通过质检区域固定的标签阅读器分批分类将货物的数量、电子标签的信息与供应商的供货数据和仓库采购数据进行核对。当货物数量、规格、外包装等确认无误后才允许入库，如出现异常情况，则发出警报，进行进一步的检验核对。

如果在以上工序中无异常情况出现，收货人员在送货单上签字盖章表示货物收讫。如发现异常情况，必须在送货单上详细注明并由送货人员签字，或者由送货人员出具差错、异常情况记录等书面材料，作为事后处理的依据。双方签字后的送货单应转换为电子文件上传到 WMS，或在双方确认时进行电子签名，以便双方对货物情况进行信息化和智能化管理。

（四）入库验收

在办完交接手续后，仓库对入库商品还要做进一步的验收工作。商品验收的基本要求是"及时、准确、严格、经济"，即要求在规定的时间内，以严肃认真的态度，合理组织调配人员与设备，以经济有效的手段对商品的数量、质量、包装进行准确细致的验收工作，这是做到储存商品准确无误和确保商品质量的重要措施。如果仓库或业务检验部门在规定的时间内没有提出商品残损、短少或质量不合格等问题，则存货方认为所提供的商品数量、质量均符合合同要求，双方的责任已清，不再承担赔偿损失的责任。因此，仓储企业必须在规定的时间内，准确无误地完成验收工作，对入库商品的数量和质量等进行确认，并将检验报告以电子档的形式保存至 WMS 中。

1. 入库验收的概念

入库验收是按照验收业务作业流程，根据合同或标准的规定，对入库商品进行数量和质量检验的经济技术活动的总称。

2. 验收的作用

所有到库的商品必须在入库前进行验收，验收合格后才能正式入库，验收的作用主要表现在以下几个方面。

①验收是做好商品保管保养的基础。

②验收记录是仓库提出退货、换货和索赔的法律依据。

③验收是避免货物积压、减少经济损失的重要手段。

④验收有利于维护国家或企业的利益。

3. 商品验收的标准、方式和比例

（1）验收的标准

商品需要达到预定的验收标准才能准许入库。验收时，可按三项内容进行检验，即采购合约或订购单所规定的条件、谈判时对方提供的合格样品、国家相关产品的品质标准。

（2）验收的方式和比例

商品验收主要有全数检验和抽样检验两种方式，具体验收方式和有关程序应由存货方和保管方共同协商，并在合同中加以明确。

所谓全数检验，指对于批量小、规格尺寸和包装不整齐及验收要求严格的商品，必须对其全部检验的一种方式。所谓抽样检验，指从一批商品中随机抽取部分商品进行检验，根据抽取商品的质量情况，判断整批商品的质量状况，从而决定该批商品质量是否合格的一种商品检验方式。一般情况下，当商品批量大、规格尺寸和包装完好、质量信誉较高时，当时间紧迫或力量不足时，当全数检验所需费用过高时，当检验商品必须破坏被检物或有损于被检物的使用价值时，均可采用抽样检验。

抽检比例应首先考虑以合同规定为准，合同没有规定的，一般抽检 5%~20%，但也要同时考虑以下因素进行适当调整：商品的性质和特点、商品的价值、商品的生产技术条件、供货单位的信誉、包装情况、运输工具、气候条件、储存时间等。

4. 商品验收的内容

商品验收的内容包括数量检验、质量检验和包装检验三方面的内容，即复核商品数量是否与入库凭证相符，商品质量是否符合规定的要求，商品包装能否保证商品在储存和运输过程中的安全。

（1）数量检验

数量检验应在商品入库时一次性完成。一般在质量检验之前，由仓库保管职能机构组织实施。按商品性质和包装情况，数量检验分为三种形式，即计件、检斤、检尺求积。

计件指对按件数供货或以件数为计量单位的商品，在进行数量检验时清点件数的操作。计件商品应全部清查件数（带有附件和成套的机电设备必须清查主件、部件、零件和工具等）。

检斤是对按重量供货或以重量为计量单位的商品，在实施数量检验时称重的操作。商品的重量一般有毛重、皮重、净重之分。毛重指包括商品包装重量在内的实重；皮重指商品包装重量；净重指商品本身的重量，即毛重减去皮重。我们通常所说的商品重量多指商品的净重。对金属材料、某些化工产品进行数量检验时多半采用检斤的方式。所有检斤的商品，都应填写磅码单。

检尺求积是对以体积为计量单位的商品，如木材、竹材、沙石等，先检尺，后求体积所做的数量检验。

（2）质量检验

质量检验包括外观检验、尺寸检验、机械物理性能检验和化学成分检验四种形式。仓库一般只作外观检验和尺寸检验，后两种检验如果有必要，则由仓库技术管理职能机构取样，委托专门检验机构进行检验。

外观检验指通过人的感觉器官检查商品外观质量的过程。外观检验主要检查货物的自然属性是否因物理及化学反应而造成负面的改变。检查商品是否受潮、沾污、腐蚀、霉烂等；检查商品包装的牢固程度；检查商品有无损伤，如变形、破碎等。经外观检验有严重缺陷的商品，要单独存放，防止混杂，等待处理。凡经过外观检验的商品，都应该填写"检验记录单"。

（3）包装检验

商品包装的好坏直接关系着商品的安全储存和运输。所以对商品的包装要进行严格检验，凡是产品合同对包装有具体规定的要严格按规定验收，如箱板的厚度，纸箱、麻包的质量等。

5. 商品验收发现的问题及处理

仓库在商品验收过程中，如发现商品数量和规格与入库凭证不符、质量不符合规定、包装有异常等时，必须详细记录相关情况。有问题的商品应单独堆放，并采取必要的措施进行保护，以防损失继续扩大，同时立即通知业务部门或有关单位进行查看，便于及时做出处理。

（1）数量不符

如果验收后发现商品的实际数量与凭证上所列的数量不一致，若短缺数量在规定的误差范围内，则可按原数入库；若短缺数量超过误差范围，经复核确认后，应由收货人会同有关人员当场在送货单上做好详细记录，交接双方应在记录单上签字，仓库按实际数量签收，并及时通知送货人和发货人。如果实际数量多于凭证上所列数量，可由相关业务部门退回多发数量或补发货款。

（2）规格不符

商品规格不符或错发时，应先将规格符合要求的予以入库，规格不符的做好验收记录，并通知相关业务部门办理换货。

（3）质量问题

在与交通运输部门初步验收发现质量问题时，应会同承运方清查点验，并由承运方编制记录或出具证明书，该记录或证明书可以作为索赔的依据。如果确认责任不在承运方，也应做记录，由承运人签字，以便作为向供货方联系处理的依据。

（4）包装问题

在清点时，若发现包装有水渍、沾污、损坏、变形等情况，应进一步检查内部数量和质量，并由送货人开具包装异状记录或在送货单上注明，同时，将包装有问题的商品单独存放，以便处理。如果商品包装损坏十分严重，应联系供应单位派遣人员协助整理，然后再接收。

（5）单货不符或单证不齐问题

这类问题包括商品串库、有货无单、有单无货和货未到齐等问题。当初步检查时，若发现串库现象，应立即拒收；在验收中发现串库商品，应及时通知进货人办理退货手续，同时更正单据。有货无单时，应安排场所暂时存放，及时联系，待单证到齐后再验收入库。有单无货时，仓库应及时查明原因，将单证退回并注销。货未到齐时应分单签收。

（五）组织入库

办理完货物交接和入库验收后，仓库应组织货物上架或进货位。使用叉车或 AGV 将货物搬运至指定货位进行储存，当叉车或 AGV 经过固定的自动识别区域时，读写器自动获取货物及托盘标签信息，并将信息上传至仓储管理系统。系统会根据制订的储存计划，将读写器获取的货位信息与货物标签信息进行匹配，若无误，系统通过读写器将货物信息写入货物及托盘标签中，以实现货位分配，同时向叉车或 AGV 下达入库指令。叉车或 AGV 得到入库指令后将货物搬运至指定货位，并按照入库指令将货物放到指定货位，货位的读写器将存入货位的货物信息上传到仓储管理系统，经过系统确认后，叉车或 AGV 退出仓库，完成入库指令。

（六）基于 WMS 的入库管理流程

基于 WMS 的入库管理流程主要包括货物贴标签流程、货物入库流程、货位自动分配流程，如图 4-1~图 4-3 所示。

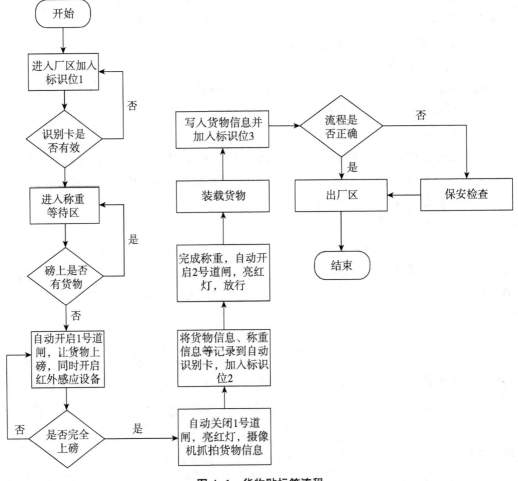

图 4-1　货物贴标签流程

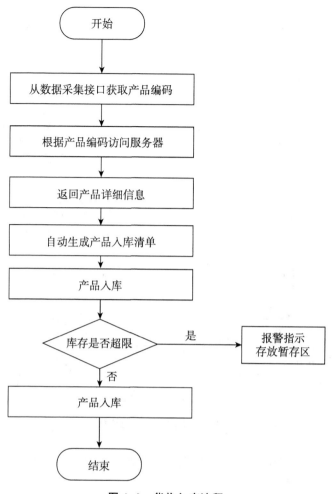

图 4-2　货物入库流程

二、智慧仓储的出库管理

（一）出库的基市要求

1. 出库凭证和手续必须符合要求

出库业务必须以正式的出库凭证为依据，任何非正式的凭证均视为无效凭证，不能作为出库的依据。出库业务程序是保证出库工作顺利进行的基础。为避免工作失误，在进行出库作业时，必须严格履行规定的出库业务程序，使出库业务有序进行。

2. 严格遵守出库的各项规章制度

一般情况下，仓库储存商品品种较多，发货时间比较集中，业务比较繁忙，为做到出库商品准确无误，必须加强复核工作，要从审核出库凭证开始直到商品交接为止，每个环节都要进行复核。严格遵守出库的各项规章制度，按照商品出库凭证所列的商

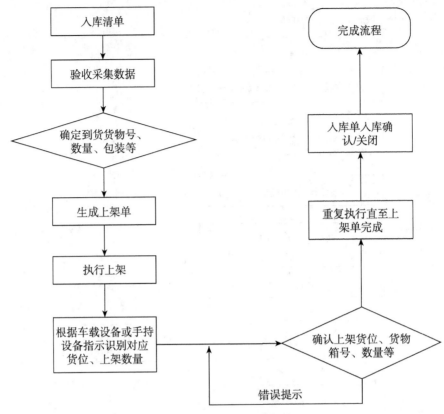

图 4-3 货位自动分配流程

品编号、品名、规格、等级、单位、数量等，准确无误地完成出库作业。

3. 严格贯彻"先进先出"的原则

为避免商品长期在库存放而超过其储存期限或增加自然损耗，必须坚持"先进先出"的原则。

4. 提高出库效率和服务品质

办理出库手续时，应在明确经济责任的前提下，力求手续简便，提高发货效率。一方面，要求作业人员具有较高的业务素质，全面掌握商品的流向动态，合理组织出库业务；另一方面，还要加强与业务单位的联系，提前做好出库准备，迅速、及时地完成出库业务。

5. 贯彻"三不""三核""五检查"的原则

出库时，应严格执行"三不""三核""五检查"的原则。"三不"指未接单据不计账，未经审单不备库，未经复核不出库；"三核"指在发货时，核实凭证、核对账卡、核对实物；"五检查"指对单据和实物要进行品名检查、规格检查、包装检查、件数检查、重量检查。

（二）货物出库的业务流程

不同仓库在货物出库的操作程序上会有所不同，但就整个发货作业的过程而言，一般都是依据货物在库内的流向或出库单的流转，来实现各环节的衔接，这个操作流程包含出库前的准备、配货、拣货、复核、包装、清点交接和发货后的处理。

1. 出库前的准备

（1）核对出库凭证

仓库接到出库凭证后，由业务部门审核证件上的印鉴是否齐全相符，有无涂改，审核提货单的合法性和真实性。然后，按照出库单证上所列的商品品名、规格、数量与仓库料账做全面核对，同时审核收货单位、到货站、开户行和账号等是否齐全和准确。审核无误后，在料账上填写预拨数后，将出库凭证移交给仓库的保管员。保管员复核无误后，即可做商品出库准备工作。

（2）出库信息处理

出库凭证审核无误后，要将出库凭证信息进行处理。保管员将出库凭证的信息录入计算机后，由出库业务系统自动进行信息处理，并打印生成相应的拣货单等凭证，作为拣货作业的依据。

2. 配货作业

当分销商订单到达仓库后，仓库服务器通过仓储管理系统自动分析订单，同时控制货位的读写器来读取货位物品信息，分析计算出订单物品所在的货位并生成配货指令。配货指令生成后，服务器会向叉车发送配货指令，叉车接收到配货指令后会前往相应货位，确认无误后搬运货物出货位。

3. 拣货作业

（1）摘果拣选

摘果拣选也称订单别拣选，即针对每一张订单，拣货人员（设备）巡回于储存场所，将客户所订购的每一种商品挑选出并集中，将配齐的商品放置到发货场所指定位置。

摘果拣选的优点是作业方法简单；订单处理前置时间短；导入容易且弹性大；责任明确，派工容易、公平；拣货后不必再次进行分拣作业，适用于数量大、品种少的订单处理。摘果拣选的缺点是如果商品品种多时，拣选行走路线过长，拣选效率较低；拣选区域大时，搬运系统设计困难；少量、多批次拣选时，会造成拣选路径的重复，降低效率。

（2）播种拣选

播种拣选也称批量拣选，即将每批订单的同种商品累加起来，从储存货位上一起取出，集中搬运到理货场，并按每张订单的数量分别投入对应的分拣箱，分拣完成后分放到待运区域，直至配货完毕。

播种拣选的优点是可以缩短拣选时的行走搬运距离，增加单位时间的拣选量；对于少量、多批次的配送比较有效，适合订单数量大的系统。播种拣选的缺点是要等订单达到一定数量时才做一次集中处理，因此订单处理前置时间长。

（3）复合拣选

复合拣选是订单别拣选及批量拣选的组合模式。根据订单中品项数量决定哪些订单适合订单别拣选方式，哪些订单适合批量拣选方式，由信息系统分别生成相应的拣选作业单据。所以，该方式需要先进的信息系统作支撑。

（4）分区拣选

所谓分区拣选就是将拣选作业场地按区域划分，每个作业员负责拣选固定区域内的商品。各人分别在不同的拣选区共同拣选各订单的商品。拣选的商品最后再分选、合并。该方式的优点是每个区域可采用不同的技术和设备，但难以平衡各区域工人的工作量和拣选速度，会影响整体的拣选目标。

（5）订单分割拣选

如同分区拣选，订单分割拣选是将订单按品项分割成不同的部分，分别由不同的拣货人员同时进行拣货。该方式适合订购的商品项目较多的订单，或者需要快速拣货的情景，利用此方式将订单切分成若干子订单，从而完成整体的拣货工作。

4. 复核

复核是防止发货出现差错的关键。发货前由复核人员仔细复核出库商品的品名、规格、单位、数量等是否与出库单一致，货物（如机械设备等）的配件是否齐全，以及所附证件、单据是否齐备。核查无误后，由复核人员在出库凭证上签字，方可包装或交付装运。在包装、装运过程中要再次检查外观质量和包装是否完好等。

5. 包装

出库的包装一般是为了货运需求，通常称为运输包装。运输包装一般需要满足以下几个方面的要求。

①根据物品的外形特点，选择适宜的包装材料，包装尺寸要便于物品的装卸和搬运。

②要符合物品运输的要求，包装应牢固，包装的外部要有明显标志，不同运输等级费率的物品应尽量不包装在一起。

③严禁性质抵触、互相影响的物品混合包装。

④包装的容器应与被包装物品体积相适应。

⑤要节约使用包装材料，注意节约代用和修旧利废。

目前，信息技术、高级自动化机械及智能型检测、控制、调节装置等已被引入物流包装领域。自动包装流水线集纸箱成型、自动装箱、自动封箱等功能于一体，可根据不同的包装要求进行个性化设计和制造，从而大大提升了包装的安全性、准确性，进一步解放了包装劳动力。

6. 清点交接

出库商品无论客户自提，还是交付运输部门发运，发货人必须向收货人或运输人员当面按单逐件交接清楚，划清责任。在得到收货人或运输人员的认可后，在出库凭证上加盖"货物收讫"印戳，同时给收货人或运输人员填发出门证，门卫核验出门证，无误后方可放行。

7. 发货后的处理

商品交接后应及时进行发货后的处理工作，包括现场清理和数据更新。现场清理主要是对库存的商品进行并垛、挪位，清扫发货场地，检查相关设施设备是否损坏、有无丢失等。同时，应及时将出库信息通过自动识别设备或手持读写设备录入仓储管理系统，更新数据。

（三）基于 WMS 的货物出库流程

货物出库流程如图 4-4 所示。

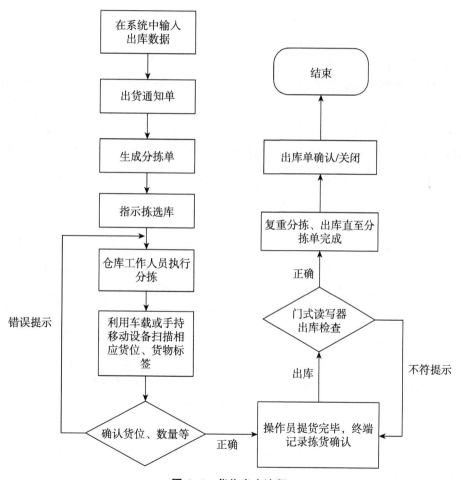

图 4-4　货物出库流程

（四）货物出库中的技术支持

货物出库时，可以采用叉车出库、输送机出库、AGV 出库，也有些企业采用穿梭车出库。货物出库时，在出库口经过自动识别设备的读写区域，读写器会自动读取货物电子标签信息，同时将数据上传至仓库服务器，仓库服务器通过核对订单和数据信息，确认无误后出库。同时，仓库服务器会根据出库情况自动变更货物库存量。

货物出库后会有电子标签的回收程序，电子标签由专人回收。自动识别技术的应用大幅降低了仓库在人力、物力上的投入，在现代化的大型仓储中具有重要的作用。

（五）货物出库过程中的问题与处理

1. 出库凭证问题

当出库凭证有假冒、复制、涂改、疑点或者情况不清楚时，应及时与仓库保卫部门和出具出库凭证的单位或部门联系，妥善处理。

出库凭证有效期超过提货期限，客户前来提取货物时，必须先办理手续，按规定缴足逾期的仓储保管费用后，方可发货，不能凭无效凭证发货。

提货时，若客户发现规格开错，保管员不得自行调换规格发货，必须通过制票员重新开票方可发货。

如客户遗失提货凭证，必须由客户单位出具证明，到仓储部门制票员处挂失，由原制票员签字作为旁证，然后到仓库出库业务员处报案挂失。如果挂失时，货物已被提走，仓储部门不承担责任，但有义务协助调查；如果货物没有被提走，经业务员查实后，凭上述证明，做好挂失登记，将原凭证作废，缓期发货。

2. 串发货和错发货问题

串发货和错发货主要指发货人员在对货物种类、规格不熟悉的情况下，或者由于工作中的疏漏，把错误规格、数量的货物发出库的情况。仓库收到客户投诉，发现串发货或错发货后，应及时逐步排查，查明情况并予以解决。

3. 包装问题

包装问题一般指在发货过程中，因货物包装破损，造成货物渗漏、裸露等问题。仓储部门在发货时，凡原包装有破损、沾污的都需重新整理或更换包装，才能出库。因包装问题导致的投诉，一般是在运输途中，由碰撞、挤压或装卸搬运造成的，发货人应与运输承运人协商，由运输承运人解决此问题。

4. 漏记账和错记账问题

漏记账指在商品出库作业中，没有及时核销商品明细账，造成账面数量大于或少于实存数量的现象。错记账指在商品出库后核销明细账时没有按实际发货出库的商品名称、数量等登记，从而造成账物不相符的情况。不论漏记还是错记，一经发现，除及时向有关领导如实汇报情况外，还应根据原始出库凭证查找原因并调整账目，使账货相符。

5. 退货问题

凡属商品本身质量问题，客户要求退货和换货时，应由质检部门出具质量检查证明、试验记录等书面文件，经主管部门同意后，方可退货或换货。

第二节 智慧仓储的在库管理

一、货物保管养护

货物保管养护指在货物储存过程中，为了保持货物的原有使用价值和质量，所采取的一系列维护和管理措施。

（一）保管养护的任务和原则

1. 保管养护的任务

货物保管养护的任务是在认识和掌握各种库存货物变化规律的基础上，科学地运用这些规律，采取相应的措施和手段，根据货物的性质和特点，有效地抑制内外界因素的影响，为库存货物提供适宜的保管环境和良好的保管条件，最大限度地减缓或控制有损于货物使用价值的变化，以保证库存货物数量正确、质量完好，并充分利用现有仓储设施，为经济合理地组织货物供应打下良好基础。

货物保管养护包含两个方面的内容：一是根据各种货物不同的性质和特点，结合仓储具体条件，将货物存放在合理的场所和位置，为在库货物提供适宜的保管环境；二是对货物进行必要的保养和维护，为货物创造良好的保管条件。两者是相互联系、相互依赖、不可分割的有机体，其主要目的都在于保持仓库货物的原有使用价值，最大限度地减少货物损耗。

2. 保管养护的原则

（1）质量第一原则。保管养护的目的是保持仓库货物原有的使用价值，在保管过程中，首先要保证货物质量，最大限度地保持货物进库前的状态，减少储存中出现的损耗，这是货物保管养护时应遵循的第一原则。

（2）效率原则。货物保管养护时，同一物品或类似物品应放在同一个地方保管，或根据出入库频率安排货物储存位置。合理安排货物货位，有利于提高仓库利用率，这是提高保管效率的重要方法。

（3）科学合理原则。货物保管养护时，不论是机械设备的选用，还是货位的分配，都应遵循科学合理的原则，这一原则是维护货物质量和提高保管效率的重要保证。

（4）预防为主原则。货物保管养护时应注意货物安全和作业安全，而保证安全的主要措施则是在保管时遵循预防为主的原则。

（二）在库货物的质量管理

1. 货物质量变化类型

在库货物质量变化的类型很多，归纳起来主要有物理机械变化、化学变化、生理生化变化及生态变化等。

（1）物理机械变化。物理机械变化是指只改变货物本身外表形态，不改变本质，没有新物质生成，并且有可能反复进行的变化现象。各类物理机械变化的含义、常见货物及防护措施如表4-2所示。

表4-2 各类物理机械变化的含义、常见货物及防护措施

	含义	常见货物	防护措施
挥发	低沸点的液体货物或已经液化的气体货物，在一定的条件下，其表面分子能迅速汽化而变成气体散发到空气中的现象	酒精、白酒、花露水、香水、化学试剂中的各种溶剂、部分化肥、农药、杀虫剂、油漆等	应加强包装密封性能的检查和处理，并置于温度较低的储存环境中
溶解	固体货物在保存过程中吸收环境中的水分，达到一定程度时变成液体的现象	食糖、食盐、明矾、硼酸、氯化钙、氯化镁、尿素等	应储存在干燥、凉爽的环境中，与含水量高的货物分库存放，并限制堆码高度以防止压力过大而加速溶解，加强对防潮包装受损情况的检查和处理
熔化	低熔点的货物受热后发生软化乃至化为液体的现象	蜡烛、复写纸、圆珠笔芯、松香、石蜡、胶囊、糖衣药片等	应储存在温度较低、无阳光直射和密封隔热的环境中
渗漏	液体货物发生跑、冒、滴、漏等现象	包装的液体	对液体货物加强入库检查及温湿度控制和管理
串味	吸附性较强的货物吸附其他气体，从而改变本来气味的现象	大米、面粉、木耳、饼干、茶叶、卷烟等	具有特异气味或具有吸附性能的商品应密封包装或单库存放
沉淀	含有胶质和易挥发成分的货物，在低温或高温条件下，部分物质凝固，进而发生下沉或膏体分离的现象	墨汁、牙膏、化妆品等	防止阳光照射，根据货物的特点，做好货物冬季保温工作和夏季降温工作
沾污	货物外表沾有其他脏物、染有其他污秽的现象	绸缎、呢绒、精密仪器和仪表等	密封包装，并注意生产、储运中的卫生条件
破碎与变形	货物在外力作用下所发生的形态改变的机械变化	玻璃、陶瓷、搪瓷制品、铝制品、皮革、塑料等	注意妥善包装，轻拿轻放，堆垛高度不能超过一定的压力限度

（2）化学变化。化学变化指不仅改变货物外表形态，而且改变货物的本质，并有

新物质生成,不能恢复原状的变化现象。化学变化是货物的质变过程,严重时会使货物失去使用价值。各类化学变化的含义、常见货物及防护措施如表4-3所示。

表4-3 各类化学变化的含义、常见货物及防护措施

	含义	常见货物	防护措施
氧化	货物与空气中的氧或与其他放出氧气的物质接触,发生与氧结合的化学变化	金属、纤维制品、橡胶制品、油脂类货物等	避免与氧气接触,将其储存在低温环境中,并注意通风散热
分解	某些化学性质不稳定的货物,在光、热、酸、碱和潮湿空气的作用下,会由一种物质分解成两种或两种以上物质的现象	过氧化氢(双氧水)、漂白粉、电石等	要注意包装材料的酸碱性,避免光、热和潮湿等的影响,相互影响的物品不能同库储存
水解	某些货物在一定条件下遇水发生分解的现象	硅酸盐、肥皂、蛋白质、棉纤维	
老化	某些以高分子化合物为主要成分的货物,在储运过程中,受到光、氧、热及微生物等的作用,出现发黏、龟裂、变脆、失去弹性、强度下降等丧失原有优良性能的变质现象	橡胶、塑料、合成纤维等高分子材料制品	根据不同货物老化的特点,注意光、氧及温湿度的影响,在生产、包装及储存过程中采取相应的防护措施
腐蚀	物质接触周围的介质(如酸、碱、氧气及腐蚀性气体等),其表面受到破坏的现象	金属及金属合金等	提高材料本身的耐蚀性,采用涂层、表面改性、电化学保护,正确选材和合理设计;储运环节应注意改变环境中的温湿度,将材料与腐蚀介质隔开
风化	含结晶水的商品在一定温度和干燥的空气中失去结晶水而使晶体崩解,变成非结晶状态的无水物质的现象	明矾、芒硝等	注意环境中温湿度的控制

(3)生理生化变化。生理生化变化指有生命活动的有机体在生长发育的过程中,为了维持其生命活动,其自身发生的一系列变化,如呼吸作用、胚胎发育、发芽、后熟作用等。比如,薯类、大蒜、生姜易发生发芽变化;瓜果和蔬菜都会有后熟作用。

(4)生态变化。生态变化指在生物作用下,货物发生的形态上的变化。常见的生态变化有虫蛀、鼠咬、霉腐等。食品、服装、中药材、香烟等物品易发生霉腐变化;粮食、干果、木材易发生虫蛀。

2. 影响库存货物质量变化的因素

引起货物质量变化的因素有内因(内在因素)和外因(外界因素),内因决定了货物变化的可能性和程度,是变化的根据,外因是促进这些变化的条件。

（1）影响货物质量变化的外界因素。外界因素主要包括自然因素、储存时间、社会因素和人为因素等。

①自然因素。自然因素包括温度、湿度、大气、日光、卫生条件等。

②储存时间。一般来说，储存时间越长，货物受到上述自然因素影响的可能性就越大，越容易发生变化，变化的程度也越深。

③社会因素。社会因素主要包括国家的宏观经济政策、国民经济景气状况或波动态势、生产力布局、交通运输条件、经济管理体制、企业管理水平、仓库设施条件与管理水平等。自然因素对库存货物的变化产生直接影响，而社会因素对库存货物的变化产生间接影响。

④人为因素。人为因素指人们未按货物自身特性的要求或未认真按有关规定和要求作业，甚至违反操作规程而使货物受到损害和损失的情况。主要包括以下几个方面：保管场所选择不合理、包装不合理、装卸搬运作业不合理、堆码苫垫不合理、违章作业等。

（2）影响货物质量变化的内在因素。货物发生变化的内因是货物自身的特性，主要包括货物的化学成分、物理形态、理化性质、机械及工艺性质等。

①化学成分。不同货物具有的不同化学成分及含量，这既能够影响货物的基本性质，又能够影响货物抵抗外界侵蚀的能力。货物的化学成分包括无机成分和有机成分。

②物理形态。货物的物理形态分为固态、液态、气态，不同形态要求提供相应的保管条件，对于库存货物而言，应避免货物在三种形态间的相互转化。此外，在保管货物时应根据其外形结构合理安排仓容，科学堆码，以保证货物质量的完好。

③理化性质。物理性质主要包括货物的挥发性、吸湿性、水溶性、导热性、耐热性、透气性、透水性等，化学性质主要包括货物的化学稳定性、燃烧性、爆炸性、腐蚀性、毒害性等。货物的理化性质是使其发生变化的主要内在因素，储存过程中必须根据货物的不同理化性质采取相应的保管措施，防止变化的发生。

④机械及工艺性质。货物的机械性质指货物的形态、结构在外力作用下的反应，包括货物的弹性、可塑性、强度、韧性、脆性等。工艺性质指货物的加工程度（如毛坯、半成品、成品等）和加工精度（如光洁度、垂直度、水平度等）。一般来说，强度高、韧性好、加工精密的货物不易发生变化；反之，则较容易发生变化。

影响库存货物质量变化的因素很多，内在因素（即货物本身的特性）是仓储过程中无法改变的，而外界因素（即自然因素、储存时间、社会因素、人为因素）是在仓储过程中能够加以控制的。因此，在货物保管保养过程中，应对影响库存货物质量变化的各种外界因素进行控制，以消除其对货物的不利影响。

（三）保管养护的措施和方法

保管养护的目的是针对货物不同特性积极创造适宜的储存条件，采取适当的措施，以保证货物储运的安全，保证货物质量，减少货物的损耗，节约费用开支，为企业创造经济效益和社会效益。

1. 货物保管养护的基本措施

（1）严格验收入库货物。入库时要严格验收，弄清货物及其包装的质量状况。对吸湿性货物要检测其含水量是否超过安全水分，对其他有异常情况的货物要查清原因，对具体情况进行处理，做到防微杜渐。

（2）合理安排储存场所。由于不同货物性质不同，对储存场所、保管条件的要求也不同，安排不合理就会使货物出现货损，甚至报废，所以必须根据货物本身的性质特点选择存放场所。此外，性质相互抵触或易串味的货物不能在同库房混存，以免相互产生不良影响。对于化学危险品，要严格按照有关部门的规定，分区分类安排储存地点。

（3）妥善进行堆垛、苫垫。应根据入库货物的性质、包装条件、安全要求采用适当的堆垛方式，达到安全牢固、便于堆垛且节约仓容的目的。为了方便检查、通风、防火，保证库房建筑安全，应适当留出垛距、墙距、柱距、顶距、灯距，以及一定宽度的主通道和支通道。为了防止货物受潮和满足防汛需要，货垛底应适当垫高，对怕潮货物，垛底还需要加垫隔潮层。露天货垛必须苫盖严密，达到风吹不开、雨淋不湿的要求，垛底距离地面应稍高，货垛四周应无杂草，并有排水沟以防积水。

（4）坚持在库货物检查。货物在储存期间，需根据其性质、储存条件、储存时间及季节气候变化分别确定检查周期、检查比例、检查内容，分别按期进行检查或进行巡回检查。检查时应特别注意货物温度、水分、气味、包装物的外观及货垛状态是否异常。在检查中，若发现异常，要扩大检查比例，并根据问题情况采取适当的技术措施，及时处理，防止货物受到损失。

（5）搞好仓库清洁卫生。储存环境不清洁，易引起微生物和虫类寄生繁殖，危害货物，因此，应经常清扫仓库，彻底清理仓库周围的杂草及垃圾等，必要时使用药剂杀灭微生物和潜伏的仓储害虫。对容易遭受虫蛀及鼠咬的货物，要根据货物性质和虫鼠生活习性及危害途径，及时采取有效的防治措施。

2. 仓库温湿度的调节与控制

温度是表示物质冷热程度的物理量。湿度是表示大气干湿程度的物理量。常用的表示方法有绝对湿度、饱和湿度、相对湿度。绝对湿度指单位体积空气中实际所含水蒸气的量，可以按每立方米空气中实际所含水蒸气的重量来计算，用 g/m^3 表示。饱和湿度指在一定湿度下单位体积中最大限度能容纳水蒸气的量，用 g/m^3 表示。空气的饱和湿度会随着温度的升高而增大，随温度降低而减小。相对湿度表示空气中实际水蒸气量距离饱和状态的程度，相对湿度大，空气就越潮湿，水分就不易蒸发，反之，水分易蒸发。三者之间的关系可用公式描述：

$$相对湿度 = 绝对湿度 \div 同温度下的饱和湿度 \times 100\%$$

温湿度的变化对储存货物质量影响很大，而仓库温湿度往往又受自然气候变化的影响，因此要针对库房类型和库存货物的特性配备温湿度测量仪。仓库工作人员根据库内外温湿度变化情况，正确地调节和控制仓库温湿度，以确保储存货物的安全。调节与控制温湿度的方法很多，有密封、通风、吸湿和加湿、升温和降温等。将几种方法合理地结合使用，效果更好。

（1）密封。密封指在库外高温高湿条件下，使库房严密封闭，减少库外温湿度对货物的影响以达到安全储存的目的。密封形式可分为单件密封、整箱密封、货垛密封、小室密封和整库密封等。

（2）通风。通风指在库外温湿度较低的条件下利用空气流通使库内外空气交换，以达到降温降湿的目的。通风的方法有自然通风和机械通风。一般情况下，当库外绝对湿度高，而库内绝对湿度低的时候不宜进行通风。当库外温度高于库内温度且温差大于3℃时，不宜进行通风。

（3）吸湿和加湿。在不能采用通风来调节湿度或需要迅速改变湿度的情况下，可采用吸湿剂、空气去湿机或用洒水、加湿机等方法吸湿或增湿。在仓库储存中，多数日用商品和纺织品要降低湿度，多数生鲜商品需要增加湿度。

（4）升温和降温。在不能用通风来调节温度时，可用暖气设备来提高库房温度，也可用空调设备来升温或降温。

（四）保管保养的其他技术方法

除了上述货物保管保养的一般方法，智慧仓储还会引入一些新的技术方法来提高作业效率和保管质量。

1. 温湿度自动监控系统

温湿度自动监控系统指利用光电自动控制设备，在规定的仓库温湿度范围内自动报警、开窗、开动去湿机、记录和调节库内温湿度等，当库内温湿度调至适宜时，又可自动停止工作。

温湿度自动监控系统由前端来完成对环境监测因子（监测因子包括仓库湿度、温度、烟雾等环境参数）的监测、汇总、转换和传输等工作，这些监测因子由数据采集终端使用不同的方法进行测量，获得的测量数据通过处理转换后经由 GPRS（通用分组无线服务技术）网络向在线监测数据平台传输数据，在线监测数据平台可实现数据的接收、过滤、储存、处理、统计分析并提供实时数据查询等功能，当温湿度超过设定阈值时，自动开启或者关闭现场指定设备。温湿度自动监控系统可以安全、可靠、准确、实时、快速地将真实的仓库环境信息展现在管理人员面前。

2. 荧光氧气传感器

荧光氧气传感器外加气压传感器可以输出氧气浓度值和气压值。它融合了电化学传感器低功耗的优势，基于非消耗传感原理，具有更长的使用寿命。另外，荧光氧气传感器具有氧压和温度补偿功能，这使其可以在宽泛的环境范围内准确运行，而无须额外的补偿系统。该传感器非常稳定和环保，内部不含铅或其他任何有毒材料，并且不受其他气体交叉干扰的影响。

新鲜果蔬采收后在储存过程中仍然进行着正常的以呼吸作用为主导的新陈代谢活

动，表现为消耗氧气，释放二氧化碳，并释放一定的热量。因此，控制或调整储存环境中氧气及二氧化碳的浓度，可以提高某些水果和蔬菜的储存时长。荧光氧气传感器就是通过精确地测量氧气及二氧化碳的浓度来调整气调库的气氛环境，从而延长易腐食品的保质期。

3. 货位监控的压力传感器

压力传感器是能感受压力信号，并能按照一定的规律将压力信号转换成可用的输出电信号的器件或装置。压力传感器通常由压力敏感元件和信号处理单元组成，是一种智能压差控制器。按不同的测试压力类型，压力传感器可分为表压传感器、差压传感器和绝压传感器。

工作中，货位的受压情况可以用压力传感器进行监控，结合工作指示灯、报警指示灯、报警蜂鸣器和超大液晶屏等，实时显示货位当前压差值，当达到设定值时输出开关信号，通知仓库工作人员，对货位进行科学合理的管理。

4. 物品储存周期的自动监控技术

智慧仓储中，可采用物品储存期限的自动监控技术，对物品的储存周期进行自动化监控和提醒。

当物品储存设备门的闭合状态变化时，触发相关设备对储存设备中的物品进行识别；信息系统根据识别的结果，对物品储存信息进行更新；根据更新后的物品储存信息，信息系统计算各物品的储存时间；针对每个物品，根据储存时间和预设保质期，信息系统判断是否需要提醒用户。如此，可以对储存物品的储存期限进行自动化监控和提醒，从而使用户能够及时获知接近保质期的物品。

二、在库货物盘点工作

所谓盘点，指定期或临时对库存物品的实际数量进行清查的作业，即为了掌握货物的流动情况，将仓库现有货物的实际数量与信息系统及财务账面上记录的数量进行核对，以便准确地掌握库存数量。

（一）货物盘点的目的和内容

1. 货物盘点的目的

（1）查清实际库存数量。盘点可以查清实际库存数量，并确认其与库存账面数量的差异。如果发现盘点的实际库存数量与库存账面数量不符，应及时查清原因，并做出适当的处理，通过盈亏调整使二者一致。

（2）帮助企业计算资产损益。对企业而言，库存物品总金额直接反映企业流动资产的使用情况，而库存金额又与库存量及其单价成正比，库存量过高，流动资金的正常运转将受到威胁。因此，为了能准确地计算出企业实际损益，必须进行盘点。一旦发现库存太多，则可能意味着企业经营状况不佳。

（3）发现货物质量问题。通过盘点，可以发现呆品和废品及其处理情况，可以了解存货周转率，了解货物保管、养护、维修情况，从而采取相应的改善措施。

（4）发现货物管理中存在的问题。通过盘点可以查明盈亏原因，发现仓储作业与管理中存在的问题，并采取相应的措施，提高库存管理水平。

2. 货物盘点的内容

（1）查数量。检查货物的数量是否准确，检查账卡的记载是否准确，核对账、卡、物是否一致，这些是盘点的主要内容。

（2）查质量。主要检查在库货物质量有无变化、有无超过保管期限和长期积压现象、技术证件是否齐全、证物是否相符，必要时进行技术检验。

（3）查保管条件。检查保管条件是否与货物要求的保存条件相符合。

（4）查设备。检查各种设备的使用和养护是否合理；货位、货架标志是否清楚明确，有无混乱；货位或货架是否充分利用等。

（5）查安全。检查各种安全措施和消防设备、器材是否符合安全要求；建筑物是否损坏而影响货物储存；对地震、水灾、台风等自然灾害有无紧急处理对策等。

（二）货物盘点的分类

按照盘点范围，货物盘点可分为全面盘点和局部盘点。全面盘点即对所有在库货物进行全面彻底的盘点，一般安排在月末、季末、年末，视企业的具体情况而定。局部盘点即对部分在库货物进行盘点。这是一种有针对性的盘点，对企业的正常生产工作影响不大，必要时可随时进行，对解决局部突发问题效果明显。

按盘点时间，货物盘点可分为定期盘点、临时盘点和日常盘点。定期盘点即根据规定的盘点时间进行的全面性盘点。临时盘点指不定期的盘点，如遇商品调价、实物负责人的调动交接、仓库发生意外事故等情况，均可进行盘点。日常盘点通常指保管员在发货时，针对付过货的货垛，立即对剩余数量进行盘点，并将盘点结果与货卡的结存数进行比较。

（三）货物盘点的基本流程

货物盘点一般根据以下几个步骤进行：盘点前准备、确定盘点时间、确定盘点方法、盘点人员组织与培训、清理盘点现场、盘点、查清差异原因、盘点结果处理。

1. 盘点前准备

盘点前的准备工作主要包括确定盘点的作业程序，配合财务做好盘点准备；根据盘点作业的需要安排人力，通常一周前安排好人员的出勤计划；准备好盘点工器具，检查盘点工器具能否正常操作。

2. 确定盘点时间

一般来说，为保证账物相符，盘点次数越多越好。但盘点需要投入必要的人力、物力，有时大型全面盘点还可能引起生产的暂时停顿，所以合理地确定盘点时间非常必要。确定盘点时间时，既要防止盘点周期过长对公司造成的损失，又要考虑仓库资源有限、商品流动速度较快的特点。

3. 确定盘点方法

为满足不同情况的需要，应尽可能快速、准确地完成盘点作业，要确定合理的盘点方法。货物盘点的方法包括账面盘点法和现货盘点法。

4. 盘点人员组织与培训

根据盘点工作的需要，安排相应的负责人员组织盘点作业。盘点人员的培训分为两部分，一是针对所有人员进行盘点方法及盘点作业流程的培训，让所有人员了解盘点目的、盘点表格和单据的填写；二是针对复盘与监盘人员进行认识货品的培训，让他们熟悉盘点现场和盘点的货品，对盘点过程进行监督，并复核盘点结果。

5. 清理盘点现场

盘点作业开始之前必须对盘点现场进行清理，以提高盘点作业的效率和结果的准确性。清理工作主要包括以下几个方面的内容。

（1）盘点前对已验收入库的货物进行整理并归入货位，对未验收入库属于供应商的货物，应区分清楚，避免混淆。

（2）盘点场所关闭前，应提前通知相关部门，让其预先筹备好需要出库配送的货物。

（3）各种资料均应进行整理并统一结清，以便及时发现问题并采取相应措施。

（4）预先鉴别变质、损坏的货物。

6. 盘点

在货物盘点流程中，可以通过固定读写设备和手持读写设备来实现对全库的整体盘点和单货位的盘点。

（1）采用固定读写设备进行全库和单货位盘点。仓库在接到货物盘点任务后，通过仓库服务器向货位的固定读写设备发送盘点指令，根据盘点任务来实现单货位盘点、多货位盘点和全库盘点。固定读写设备接收到盘点指令后会对货位的数据信息进行读取，同时将读取到的信息上传至仓库服务器，通过与原始数据库及出入库情况进行核对来实现货物的盘点工作。

（2）采用手持读写设备进行货位盘点。手持读写设备的优点在于可移动，主要针对小面积或者单货位盘点。仓库在接到货物盘点任务后，仓库工作人员可以使用手持读写设备来对需要盘点的物品或者货位进行盘点，同时通过仓库的无线设备将数据上传至仓库服务器，通过与原始数据库及出入库情况进行核对来实现货物的盘点工作。采用此方式盘点可以降低人工劳动强度，提高盘点准确率和盘点效率。

7. 查清差异原因

盘点会将一段时间以来积累的作业误差及其他原因引起的账物不符暴露出来，一旦发现账物不符，而且差异超过容许的误差时，应立即追查产生差异的原因。一般而言，差异产生的原因主要有以下几个方面。

（1）记账员登录数据时发生错登、漏登等情况。

（2）账务处理系统管理制度和流程不完善，导致货品数据不准确。

（3）盘点时出现漏盘、重盘、错盘等情况，导致盘点结果出现错误。

（4）盘点前数据未结清，使账面数据不准确。

（5）出入库作业时产生误差。

（6）作业人员疏忽导致货物损坏、丢失。

8. 盘点结果处理

查清差异原因后，为了使账面数据与实物数据保持一致，需要对盘点盈亏和报废品一并进行调整。除了数量上的盈亏，有些货物还应进行价格的调整，这些差异的处理，可以经主管审核后，用货物盘点盈亏及价格增减调整表在系统中进行更正。具体操作可采用虚拟出入库的方式，进行账面数据的增减，以使盘点实数与财务人员账卡上的账面数据相符。

（四）基于 WMS 的货物盘点流程

货物盘点流程如图 4-5 所示。

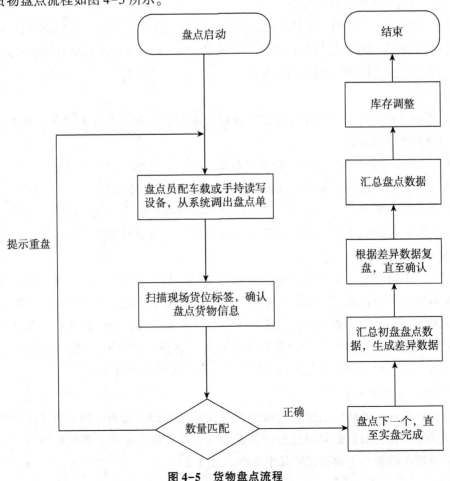

图 4-5　货物盘点流程

第三节　智慧仓储中的其他作业管理

一、装卸搬运作业管理

（一）装卸搬运作业的特点

1. 装卸搬运作业的内容较多

在某一物流节点范围内进行的，以改变物料存放状态和空间位置为主要内容和目的的活动都属于装卸搬运。所以除了常见的装车、卸车，还包括移送、拣选、分类、堆垛等活动。

2. 装卸搬运作业花费时间较长

在物流活动的全过程中，装卸搬运的效率对物流整体效率影响很大。装卸搬运作业在物流活动中是经常出现和反复进行的，它的频率明显高于其他各项物流活动，每次装卸搬运作业都要花费一定的时间，因此，该活动是决定物流速度的关键。

3. 装卸搬运作业是产品产生货损的重要原因之一

进行装卸搬运操作时往往需要接触货物，这是物流过程中造成货物破损、散失等损失的主要环节。

4. 装卸搬运费用在物流成本中所占比重较高

由于装卸搬运活动需要投入很多劳动力，所以装卸搬运费是物流成本中的主要组成部分。以我国为例，铁路运输中的装卸搬运费占运费的20%左右，船运中装卸搬运费占运费的40%左右。因此，为降低物流费用，减少装卸搬运费是一个重要突破点。

（二）装卸搬运作业的管理

1. 装卸搬运作业的管理要求

（1）安全第一的原则要求

装卸搬运的整个作业过程应严格贯彻安全第一的要求。作业场所杜绝一切火种火源，必须使用火种时应按消防安全规定执行。根据货物性质和操作要求，装卸搬运作业人员按照操作规程使用必要的防护用具，保证作业人员的安全和健康。

（2）作业现场统一指挥的要求

为保证良好的作业秩序，作业时，装卸搬运人员应服从安排，装卸设备和运输车辆排列有序，作业区域内禁止闲杂人员进入。

（3）严格遵守操作规程的要求

装卸搬运作业前应由管理人员说明货物的性质、操作要求和注意事项。装卸搬运时注意轻搬轻放，注意货物包装上的标志，按包装标志的要求进行操作。禁止由于不按规程操作而造成货物的变形、残损或包装破损、散乱等现象。对成组配套的货物，必须按原来的组合装卸、搬运和堆码，不混不乱。外包装有渗漏或损坏时，必须当场及时处理。

（4）装卸搬运机械由专人操作的要求

装卸搬运机械的操作必须由专职人员负责，严格遵守安全操作规程，不得超速、超重、超高，防止工伤事故和机件损坏。各种装卸搬运机械及配套工具视货物性质配套使用。

2. 装卸搬运作业的管理内容

（1）装车的管理

装车一般需按照客户的要求进行装车。装车前应检查车辆车厢的整洁度，对车厢有积水或其他异物的，必须先让司机将其打扫干净并确保不会污染货物后，才能安排装货。对有污染的车厢视装车货物的不同确定是否可以装车，一般被煤灰、动物粪便、遗留化工品等污染的车辆不允许装载食品类货物，可通知货主重新找车。装车时保证货物外包装无损坏，如有破损应立即更换。装车货物必须达到整齐、美观。装车完成后，如有需要，可协助客户盖好篷布和捆扎好绳索，以保障货物安全。每次装车完毕必须及时对作业现场进行清扫。

（2）卸车的管理

卸车时，要边卸车边检验物品的外包装，查看有无发霉、污染、结块、淋湿等情况，如果出现异常应立即停止卸车，上报班组长进行处理。卸车过程中需要注意安全，在车辆移动或掉头的过程中，禁止人员上下车及作业，必要时应下车以保证安全。严禁从高处向下直接抛扔带有包装的货物，管理人员需在现场进行作业指挥。卸车完毕，清点卸车件数，清理车辆内及周围洒落的货物，如清理的货物符合规定质量要求的，应及时灌包或存放在指定地点，保证入库数量的准确性。

（3）堆码的管理

堆码时严格按照货位线码放，不得超越货位线，按规定将垛位码放整齐，货垛牢固，不得倾斜以防塌垛伤人。在库内堆码时，原则上按品种、包装、产地不同分别码垛，货位不足时，经管理人员同意后可将不同产地、不同包装的同种物品码在一起。堆码过程中，要按规定留足垛距、墙距、灯距、顶距和柱距，远离消防箱和电源开关。堆码的层高按照外包装规定进行选择，没有层高限制的需要根据物品特性和包装强度确定，确保能便于将来的检查和出库。包装的信息一律面向通道，麻袋一类的软包装一律包口向内。货场的堆码要选择地面干净、平整、干燥、承载力好、通风良好、四周排水畅通的货位。垛底需要进行垫垛处理，垛型一般选择起脊垛，垛脊要有40°~45°的坡度，表面平整无凹陷，以利于雨水的下落。货场堆码时，需要将垛周围、垛顶遮盖严实，做好苫盖物的捆绑处理，用重物压实。必要时，对垛位下部苫布边缘进行围堵、包扎，以防雨水对垛位底层货物造成损害。

（4）倒垛的管理

由于品质或其他原因（如货场整理）需要对货垛进行倒垛作业时，将指定货垛倒运到另一指定的货位。倒垛过程中需要抽样检验的，通知检验员在开始倒垛时到场进行抽样。倒垛时需要合理拆垛，起脊垛先拆相邻垛脊，拆垛时须留有台阶。拆垛时揭下的苫布、捆扎绳等物品及时清理晾晒后，收集好送至有关库房。新垛的码放要整齐结实，破损包装应重新换包装后再上垛。倒垛结束后，及时对散落物品进行收集和整理，质量符合要求的需要灌包或装箱后存放在指定货位。

（三）装卸搬运作业合理化的措施

1. 防止和消除无效装卸作业

无效装卸作业指消耗在有用货物必要装卸劳动之外的多余装卸劳动。无效装卸作业具体包括过多的装卸次数、过大的包装装卸、无效物料的装卸。减少无效装卸作业量也就意味着减少了装卸搬运费用。所以，进行装卸搬运作业时，尽量减少无效装卸作业。

2. 选择适宜的搬运路线

搬运路线大体来说有三种类型：直达型、渠道型和中心型。直达型是从货物初始存放地经最短路径直接搬运到终点。一般适合物流量大、中短距离情况下或有特殊要求的物料。渠道型指物料在预定路线上移动，与来自不同地点的其他物料一起运到同一终点。一般适合布置不规则或搬运量中等、距离较长的物料。中心型是各种物料从起点移动到一个中心分发处，然后再运到终点。一般适合于物流量小、距离中等或较长的物料。当然，根据物料搬运的规则，如果企业内部的物流量大而搬运距离又长，则说明这样的布局是不合理的。

3. 提高物料活性

物料活性指物料装卸搬运的难易程度。如果物料装卸搬运中所需的人工越多，该物料的活性就越低。反之，所需的人工越少，活性就越高。要运走散放在地上的物料，需要经过集中、搬起、升起和运走四项作业，所需的人工作业最多，所以，此时活性水平最低，即活性指数定义为0。同样，对于集中起来的物料，如已捆扎、放入容器中等，这类物料的活性指数定义为1。当货物呈集装箱或托盘的集装状态，或对已捆扎好的货物进行预垫或预挂，使装卸机具能立刻起吊或入叉时，活性指数定义为2。若货物已预置在搬运车、台车或其他可移动挂车上，活性指数定义为3。若货物已预置在动力车辆或传送带上，随时可进入运动状态，活性指数定义为4。

在装卸搬运作业管理时，可以利用活性理论，改善装卸搬运作业。平均活性指数低于0.5，可以利用集装器具、手推车来提高活性。平均活性指数为0.5~1.3，可以利用叉车、卡车等改善搬运作业。平均活性指数为1.3~2.3，可以利用传送带、自动导引车改善搬运作业。平均活性指数为2.3以上，可以从设备、方法方面进一步减少搬运工序数。总之，物料活性指数越高，所需人工越少，但设备投入越多。在进行搬运系统设计时，不应机械地认为活性指数越高越好，而需要综合考虑。

4. 实现装卸搬运作业的省力化

装卸搬运需要做功才能实现水平或垂直位移，在作业中应尽可能消除重力的不利影响。有条件的情况下尽量利用重力进行装卸，可减轻劳动强度和能量消耗。将有动力的小型运输带（板）斜放在货车、卡车或站台上进行装卸，使物料在倾斜的输送带（板）上移动，这种装卸就是靠重力的分力完成的。在搬运作业中，把物资放在一台车上，由器具承担物体的重量，人们只需克服滚动阻力，使物料水平移动，这无疑是十分省力的。

5. 实现装卸作业的机械化

随着生产力的发展，装卸搬运的机械化程度不断提高。由于装卸搬运的机械化能把工人从繁重的体力劳动中解放出来，尤其对于危险品的装卸搬运作业，机械化能保证人和货物的安全，这也是装卸搬运机械化程度不断提高的优势。

6. 推广集装化装卸搬运作业

在装卸搬运作业过程中，根据物料的种类、性质、形状、重量来确定装卸搬运作业方式。物料装卸搬运的方式通常有三种：将普通包装的物料逐个进行装卸搬运，叫作"分块处理"；将颗粒状物料不加小包装而以原样装卸搬运，叫作"散装处理"；将物料以托盘、集装箱、集装袋为单位组合后进行装卸搬运，叫作"集装处理"。对于包装的物料，尽可能进行"集装处理"，实现集装化装卸搬运，可以充分利用机械进行操作。

7. 合理规划装卸搬运方式和作业过程

装卸搬运作业现场的平面布置是影响装卸、搬运距离的关键因素，装卸搬运机械要与货场长度、货位面积等相互协调。要有足够的场地集结货物，并满足装卸搬运机械工作的要求，场内的道路布置要为装卸搬运创造良好的条件，有利于加速货位的周转。优化平面布置使装卸搬运距离达到最小是减少装卸搬运距离较理想的方法。

提高装卸搬运作业的连续性，合理衔接作业现场的装卸搬运机械。不同的装卸搬运作业在相互衔接使用时，力求使它们的装卸搬运速率相等或接近；充分发挥装卸搬运调度人员的作用，一旦出现装卸搬运作业障碍或停滞状态，立即采取有力的措施补救。

二、订单作业管理

（一）订单分批处理的方法

1. 合计量分批

所有累积订单中的货品按品种合计总量，根据总量进行拣选，该方法适合于固定点之间的周期性配送。

2. 时窗分批

从接收订单到拣货完成、出货的时间非常短时，可利用此策略开启短暂而固定的时窗，如 5min 或 10min，再将此时窗中所到达的订单做成一批，进行批量拣选。该方法比较适合订单密集频繁的情况，也能应付紧急插单的需求。

3. 定量分批

按照先到先处理的原则，当累积的订单量到达预先设定的数量指标（这个数量指标要依据每份订单的品项数、订单间品项重合度、每个品项的要货数量等综合测算）时，将前面累积的订单汇总成一个批次进行拣选。

4. 智能分批

订单汇集后经过较复杂的计算机程序，将拣选路线相近的订单分成一批同时处理，可大量缩短拣货距离。智能分批还有其他可能的方式，例如依据配送的地区、路线分批，依据配送的数量、车趟次、金额分批或依据商品种类、特性进行分批等，这些可依据企业的实际情况来设计。

（二）订单响应时间的影响因素

订单响应时间指从客户下单到订单被仓库确认并开始处理的时间间隔。

1. 系统稳定性与性能

仓储管理系统的稳定性与性能直接影响订单响应时间。系统崩溃或处理速度慢会导致订单响应延迟。

2. 库存管理水平

库存准确性高、布局合理、补货及时的仓库能够更快地响应订单需求。智慧仓储系统通过实时库存追踪和智能补货算法，可以提高库存管理水平。

3. 自动化与智能化程度

自动化设备和智能算法的应用可以显著缩短订单处理时间。智慧仓储系统通过集成这些技术，显著提升了订单响应速度。

4. 供应链协同能力

供应链上下游企业之间的协同能力也会影响订单响应时间。智慧仓储系统通过加强供应链协同，可以更快地响应市场需求。

（三）提升订单响应速度的措施

1. 优化仓储管理系统

定期对仓储管理系统进行升级和优化，确保其稳定性和性能处于最佳状态。

2. 提高库存管理水平

采用实时库存追踪和智能补货算法等技术手段，提高库存准确性和补货效率。

3. 加强自动化与智能化建设

引入更多的自动化设备和智能算法，如自动化立体仓库、AGV/AMR 机器人、智能拣选系统等，提升订单处理速度和发货效率。

4. 提升供应链协同能力

加强与供应链上下游企业的合作与沟通，实现信息共享和协同作业，提升整体响应速度。

5. 优化订单处理流程

对订单处理流程进行梳理和优化，减少不必要的环节和等待时间，提高订单处理效率。

6. 引入智能决策支持系统

利用大数据分析和人工智能技术构建智能决策支持系统，为订单响应时间的优化提供科学依据和支持。

智慧仓储订单响应时间的优化是一个系统工程，需要从多个方面入手进行改进和提升。通过不断优化仓储管理系统、提高库存管理水平、加强自动化与智能化建设、提升供应链协同能力、优化订单处理流程及引入智能决策支持系统等措施，可以显著缩短订单响应时间，提高客户满意度和运营效率。

三、补货作业管理

补货通常是将货物从保管区移到拣选区的作业过程，保证拣选区有货可拣。补货时可以整件补到流动式货架上，供人工拣货；也可以拆开外包装将零货补到自动分拣机上，保证自动分拣机有货可拣。

（一）补货作业目的

1. 保持库存充足

（1）确保满足订单需求：通过及时补货，确保仓库库存充足，避免因库存不足导致的订单延误或取消，从而满足客户的订单需求。

（2）维持运营稳定：充足的库存是仓储运营稳定的基础，有助于应对突发需求和市场变化。

2. 降低运营成本

（1）减少库存积压：通过智能补货策略，减少不必要的库存积压，降低仓储成本。

（2）避免滞销风险：根据销售预测和库存监控，及时调整补货策略，避免商品滞销带来的损失。

3. 智能化管理

（1）数据驱动决策：智慧仓储补货作业依赖于库存管理系统和数据分析技术，通过实时数据监控和分析，为补货决策提供科学依据。

（2）提升管理水平：引入智能补货系统，提高补货操作的自动化和智能化水平，降低人工干预和错误率，提升整体管理水平。

4. 响应市场需求

（1）快速响应：快速响应市场变化，确保商品供应与市场需求相匹配。

（2）提升客户满意度：通过及时补货和快速响应市场需求，提升客户满意度和忠诚度，增强企业的市场竞争力。

补货作业的目的在于确保库存充足、降低运营成本、实现智能化管理及快速响应市场需求，从而提升企业的整体运营效率和竞争力。

（二）补货时机选择

1. 基于库存水平的补货时机

（1）库存阈值触发：在 WMS（仓储管理系统）中设置库存的上下限阈值。当库存数量低于设定的下限阈值时，系统自动触发补货流程。这种方式可以确保库存不会因过度消耗而短缺，从而影响正常运营。库存阈值的设定需要综合考虑销售预测、补货周期、库存成本等因素，以确保补货时机的合理性和经济性。

（2）实时库存监控：利用物联网技术等实时监控库存数量和状态。当库存数量接近或低于安全库存水平时，系统及时发出补货预警，提示仓库管理人员进行补货操作。

2. 基于销售预测和需求的补货时机

（1）销售数据分析：通过分析历史销售数据和市场趋势，预测未来一段时间内的销售需求。根据预测结果，提前制订补货计划，确保在销售高峰期前完成补货，避免库存短缺。销售数据分析需要借助专业的数据分析工具和算法，以提高预测的准确性和可靠性。

（2）紧急补货机制：对于突发性的销售增长或需求变化，建立紧急补货机制。当销售数据出现异常波动时，系统能够自动触发紧急补货流程，快速响应市场需求。

3. 基于供应链协同的补货时机

（1）供应商协同：与供应商建立紧密的合作关系，实现供应链的协同管理。通过共享销售数据、库存信息和补货计划，供应商能够提前准备货源，确保在补货时机到来时能够及时供货。供应商协同可以减少补货周期和库存成本，提高供应链的响应速度和灵活性。

（2）跨系统协同：智慧仓储补货作业还涉及与 ERP（企业资源计划）、TMS（运输管理系统）等其他系统的协同工作。通过跨系统协同，可以实时获取销售订单、库存变动、运输状态等信息，为补货决策提供全面、准确的数据支持。

（三）补货方式

补货作业前一定要仔细地计划，不仅要确保存量，也要将补货物品安置于方便存取的位置。补货方式取决于货物的物品特性、场地和设备等。主要的补货方式有拼/整箱补货、托盘补货和货位补货等。补货作业所需的设备主要为拣选搬运设备，如堆高机、电动式拖板车等。

1. 拼/整箱补货

这种补货方式是由货架保管区补货到流动货架的拣选区（动管拣选区），保管区为货架储放区，而动管拣选区为两面开放的流动棚拣选区。拣货人员在流动棚拣选区拣取单品放入浅箱之后把货物放入输送机并运到发货区。当动管拣选区的存货低于设定标准时，进行补货作业。

2. 托盘补货

这种补货方式是以托盘为单位进行补货的。根据补货的位置不同，它又分为两种情况：一种是地板至地板的整托盘补货，另一种是地板至货架的整托盘补货。

（1）地板至地板的整托盘补货。此种补货方式的保管区以托盘为单位，地板上平置托盘堆叠储放物品，动管区也以托盘为单位，地板上平置托盘堆叠储放物品。两者的不同之处在于：保管区的面积较大，储放物品量较多；而动管区的面积较小，储放物品量较少。拣取时，拣货员从动管区（拣选区）拣取托盘上的货箱，放至中央输送机上出货，或者使用堆高机将托盘整个送至出货区（当拣取量大时）。当拣取后发觉动管区的存货低于设定标准时，要进行补货动作，其补货方式为作业人员使用堆高机将整托盘由保管区搬运至动管区。

（2）地板至货架的整托盘补货。此种补货方式的保管区以托盘为单位，地板上平置托盘堆叠储放物品，动管区则为托盘货架储放物品。拣取时，拣货员在动管区（拣选区）搭乘牵引车拉着推车移动拣货，拣取后再将推车送至输送机轨道出货。一旦发觉拣取后动管区的库存太低，则要进行补货动作，其补货方式为作业员使用堆高机很快地从保管区搬回托盘，送至动管区的托盘货架上储放。这种补货方式较适合体积中等或中量（以箱为单位）出货的物品。

3. 货位补货

这种补货方式为保管区与动管区属于同一货架，也就是将一个货架上的方便拿取之处（中下层）作为动管区，不容易拿取之处（上层）作为保管区。进货时，将动管区放不下的多余货箱放至保管区。对动管区（拣选区）的物品进行拣取，而当动管区的存货低于设定标准时，可利用叉车将上层保管区的物品搬至下层动管区补货。这种补货方式较适合体积不大、每品项存货量不高，且出货多属中小量（以箱为单位）的物品。

4. 其他补货方式

（1）直接补货。直接补货方式是补货人员直接在进货时将物品运至拣选区，物品不再进入保管区的形式。

（2）复合式补货。在复合式补货情况下，拣选区的物品采取同类物品相邻放置的方式，而保管区采取两阶段的补货方式。第一保管区为高层货架；第二保管区位于拣选区旁，是一个临时保管区。补货时先将物品从第一保管区移至第二保管区。当拣选区存货降到设定标准以下时，再将物品从第二保管区移到拣选区，由拣选人员在拣选区将物品拣走。

（3）自动补货。在一些自动化仓库中，计算机发出指令，物品被自动从保管区送出，设备扫描物品及容器条码后，将物品装入相应的容器，然后容器经输送机被运送到旋转货架处进行补货。

（四）补货技术

1. 人工视觉检测补货技术

人工视觉检测补货技术是一种基于人工观察库存水平的补货技术，通过工作人员的目视检查来确定哪些商品需要补货，并手动触发补货流程。这种方法依赖于工作人员的经验和判断力，虽然简单直接，但在处理大规模库存或高频率补货需求时可能效率较低。

随着技术的发展，自动化和智能化的补货系统逐渐普及，但人工视觉检测补货技术在某些场景下仍然具有一定的应用价值，尤其是在库存规模较小或特定商品需要人工关注时。通过优化工作流程和培训工作人员，可以提高人工视觉检测补货技术的效率和准确性。

2. 双箱补货系统技术

双箱补货系统技术是一种高效的库存管理和补货策略，它通过在储存区设立两个并列的储存箱（或货架）来实现。当一个储存箱中的商品被拣选到接近最低库存水平时，系统会触发补货流程，从另一个储存箱中自动或手动地将商品补充到即将耗尽的储存箱中。这种方式可以确保商品持续供应，减少缺货风险，并优化库存周转。双箱补货系统技术提高了补货的及时性和准确性，有助于提升仓库的整体运营效率。

3. 定期检测补货系统技术

定期检测补货系统技术是一种基于时间周期的库存补货策略，它按照预设的时间间隔（如每天、每周或每月）定期对库存进行检查，根据当前库存水平和预设的安全库存量来决定是否需要补货。通过这种方式，企业可以确保库存水平始终维持在合理范围内，避免过度积压或缺货现象的发生。定期检测补货系统技术有助于实现库存的精细化管理，提高供应链的响应速度和灵活性。

4. 配送需求计划（DRP）系统技术

配送需求计划系统技术是一种基于IT技术和预测技术的补货策略，旨在通过精准预测不确定的顾客需求，合理规划配送中心的存货、生产和派送等能力。该系统能够有效控制成本、库存、产能和作业流程，从而提高顾客满意度。DRP系统主要解决商品的供应和调度问题，确保市场需求得到满足的同时，实现调度费用最优化。它适用于多层级区域的库存补充，特别是在制造企业等机构中展现出显著效果。通过实时数据交换和订单处理，DRP系统能显著提升企业运营效率和库存周转率，减少库存积压和缺货风险，最终实现企业资源的高效配置和盈利能力的提升。

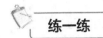

本章小结

本章首先介绍了智慧仓储的入库作业流程和出库作业流程，然后分析了在库管理的重点任务——保管养护和盘点工作，最后介绍了智慧仓储中的其他作业管理：装卸搬运作业管理、订单作业管理和补货作业管理。

练一练

1. 入库前的具体准备工作有哪些？
2. 货物验收的方法有哪些？
3. 影响货物质量变化的因素有哪些？
4. 货物盘点的内容是什么？
5. 装卸搬运作业合理化的措施有哪些？
6. 货物出库的基本要求是什么？
7. 在智慧仓储中，提升订单响应速度的措施有哪些？

第五章 智慧仓储的现场管理

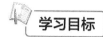

学习目标

- 掌握现场管理的内容和要求。
- 掌握 7S 管理的主要内容。
- 理解班组长的定义和角色认知。
- 掌握班组管理的激励理论。
- 培养严谨细致、一丝不苟的工匠精神。
- 培养择一事终一生的职业精神。

导入案例

山东省港口集团大国工匠——张连钢

2013 年，青岛港决定筹建全自动化码头，处在肺癌术后康复期的张连钢毅然挑起重担。那时国外垄断了自动化码头技术，不服气的张连钢带领创新团队仅用三年半的时间，建成拥有自主知识产权的全自动化集装箱码头，连续 10 次打破自己创造的世界纪录，让"中国智造"的旗帜在全球自动化码头的高峰上迎风飘扬。

自动化码头突出的特点是系统性和细节性。在规划建设过程中，张连钢召开了3000 多次技术研讨会，形成了几十万字的分析报告，仅仅是出入集装箱卡车的闸口布局，前前后后就设计了 40 多稿，流程测试案例编写了 7000 多个，测试超过 10 万次。15 个月后，码头详细设计顺利完成。合资方请来的外国专家审核方案时大为震惊，他们不相信这个方案出自中国团队之手！这个方案在国外要聘请十几家专业公司至少 3年才能完成。外方股东聘请的自动化码头建设专家给出评价："这是最符合自动化码头发展方向的规划方案。"

2017 年 5 月 11 日，青岛港自动化码头开港运营，首船作业桥吊单机效率达到 26.1自然箱/小时，创下世界自动化集装箱码头商业运营首船作业最高效率，震惊全球港航界。

2023 年 12 月 27 日，拥有 6 大自主突破、12 项创新攻坚成果的自动化码头三期投产运营，实现了"全国产、全自主"，打造了港口领域的新质生产力，这标志着我国在自动化码头领域实现了全自主集成创新应用场景"零"的突破。

讨论：如何做新时代的物流工匠人？

第一节　仓库作业现场 7S 管理

一、现场及现场管理

（一）现场的定义

现场是指企业以生产、品控、仓储、设备等直接部门的工作为中心，为企业创造附加值，为顾客设计、生产、销售产品和服务，以及与顾客交流的地方。

（二）现场的特征

1. 现场是创造效益的前沿阵地，是产品研发和生产的第一线

企业生产成本的降低、产品交付客户的过程及提高产品质量等活动都是需要在现场进行的。企业的生存和发展也是因为从现场获得了更多的产品附加值而实现的。

2. 现场是提供大量信息的场所

仓储企业的管理水平能在现场见分晓。现场汇集了人和人、人和物、物和物的信息，通过对这些信息进行分析，可提前规划行动。深入现场是获取准确的管理资料和信息的可靠途径。

3. 现场是企业内部问题得以萌芽的环境

现场是仓储企业活动的前线，很多问题来自现场。如果能够在现场及时发现问题并采取有效措施来解决问题，事情就可以向着好的方向发展，避免造成不必要的损失。

4. 现场是反映员工思想动态最真实的场所

人是思维型动物，因此员工在工作中难免会遇到不顺心的事情，如果这种负面情绪一直存在，就会影响其工作状态，从而对作业质量产生影响。

（三）现场管理

现场管理是指采用科学的管理制度、标准和方法对生产现场各生产要素，包括人（工人和管理人员）、机（设备、工具）、料（原材料）、法（加工、检测方法）、环（环境）等，进行合理有效的计划、组织、协调、控制和检测，使其处于良好的结合状态，进而达到优质、高效、低耗、均衡、安全、文明生产的目的。现场管理的质量关系到企业自身和其他相关者的直接利益。一个仓储企业要想快速健康发展，需要探究其自身管理问题。

1. 现场管理的内容

（1）人员

人员是指在作业现场的所有工作人员，包括操作工、搬运工、管理者等。人是仓储系统中极为重要且活跃度较高的因素，也是现场管理中的难点。特别是对于作业人员比较多的现场，管理的复杂程度更高。

（2）设备

设备是指现场作业中所有使用的设备和作业工具等，包括装卸搬运设备、流通加工设备、检验工具等。

（3）物料

物料包括生产所需要的原材料、零部件、半成品等。在仓储作业中，物料主要是指货主的各种产成品、半成品等。

（4）方法

方法是指仓储作业过程中的作业方法及所须遵循的规章制度。

（5）环境

环境指的是对产品质量和服务质量有影响的周围的条件，包括作业现场的自然环境和工作氛围。

2. 提升作业现场管理的步骤

在仓储作业中，为提高现场作业质量，实施现场管理的方法之一是运用 PDCA 循环法。PDCA 循环法是美国质量管理专家休哈特首先提出的，后来由戴明采纳和宣传，并获得普及，又称"戴明环"，它是企业实施全面质量管理的基本方法。PDCA 由 Plan（计划）、Do（执行）、Check（检查）、Act（处理）四个英文单词的首字母组成。它包括了提高作业质量的四个阶段和步骤。

（1）作业计划的制订

作业计划通常包括常规任务、突击性任务和临时性任务三大类。作业计划的内容包括做什么、为什么要做、何时做、何地做、何人做及如何做。

仓储作业现场的常规任务主要是日常的出入库作业，计划主要围绕分工派活（派工）展开。派工的依据包括：部门月度、周度作业计划和任务要求，如出入库作业量、收储量等；仓库供给生产线的使用量、供给上游的使用量等；电商仓库或配送中心的订单量等。在制订计划时，应遵循科学确定指标、合理调配资源、合理统筹安排的原则，并做好应急预案。

仓储作业现场的突击性任务需要与相关部门进行沟通协调，一般是需要调整计划班组的人员或设备并进行应急处理，或是根据任务的紧急程度临时编组进行作业。例如，物品储备库突击进行装船（车）作业就属于此类情况。另外，像电商仓库的突击任务也是常见的例子。

临时性任务一般要求快速反应，因为这类作业比较紧急。例如，在货场上遇到雨雪天气时，需要临时安排苫盖等作业。

（2）现场作业计划的执行

计划的实施原则上是按照派工安排或作业计划来进行，如果遇到特殊状况，可适当调整，但一般而言，不受任何人口头指令的随意干扰。在实施的过程中，班组长要亲赴现场进行指导和管理。如果作业中成员发现计划或标准有漏洞，切勿擅自改动，应即刻向班组长汇报，并附上个人建议，随后由具备修改标准权限的部门和人员进行修改。作业计划顺利推进的目的是削减作业成本，安全且高效地完成仓储服务，力求让用户满意。

（3）现场作业的检查

仓储现场作业繁杂，场地情况复杂，作业人员水平也参差不齐。班组长应承担起管理责任，做好作业内容和质量的检查工作，如货垛的堆码是否合规、作业量是否达标、装车是否规范、车辆和设备的操作是否规范等。

（4）作业的处理和改进

对作业质量的监督和检查能够助力班组顺利完成作业任务。作业质量的优劣，直接关乎作业人员，尤其是装卸搬运工人和机械操作人员的劳动报酬。借助行之有效的奖惩机制，可提升员工的自我管理意识，持续优化作业计划和作业质量，进而提高仓储企业的整体管理水平。

二、7S 管理的内容与应用

（一）起源和发展

7S 管理源自日本，最初是 5S 管理，由丰田公司提出并实施。5S 包括整理（Seiri）、整顿（Seiton）、清扫（Seiso）、清洁（Seiketsu）和素养（Shitsuke），旨在通过规范现场物品摆放、清除无效物品、保持工作区域清洁、建立标准与纪律，以及培养员工的良好工作习惯，实现作业现场的高效、有序和整洁。它是丰田生产方式的重要部分，对日本制造业的成功至关重要。

随着管理实践的发展，人们在 5S 的基础上，增加了"安全"（Safety）和"节约"（Saving）两个要素，形成了 7S 管理体系。

安全，强调工作现场的预防措施、风险评估和应急响应机制的建立，保障员工的人身安全，保证生产连续、安全、正常进行。

节约，有时表述为"速度"（Speed），强调资源的有效利用和成本降低，或是提升流程效率和快速响应能力。节约侧重于物料、能源、时间等资源的合理使用，避免浪费；速度则关注缩短生产周期、减少非增值环节、提升整体运营效率。

（二）7S 管理的应用场景

7S 管理因其普适性和有效性，被广泛应用于多种行业和场景。在具体实施中，7S

管理常用于生产线布局、物料储存与搬运、设备维护、废弃物处理及员工培训等环节，在企业形象提升、成本控制、准时交货、产品质量保障及营造舒适的工作氛围等方面发挥着重要作用。

作为一种先进的现场管理方法，7S管理通过整合整理、整顿、清扫、清洁、素养、安全和节约七大要素，旨在提高企业的生产效率、保障产品质量、塑造良好工作环境和企业文化。

（三）7S管理的内容

1. 整理

清理现场，区分必需品和非必需品，移除现场的冗余物料、工具和设备，从而腾出空间，减少寻找物品的时间浪费。

2. 整顿

科学合理地布置和标识必要物品，确保人们能迅速找到并放回所需物品，提高工作效率。

3. 清扫

定期清洁设备和工作区域，及时发现设备潜在故障和安全隐患，保证生产过程顺畅。

4. 清洁

制定和执行清洁标准和规范，保持现场环境整洁，实现日常管理的标准化和规范化。

5. 素养

提升员工的职业素养和行为习惯，培养员工严格遵守规章制度的习惯和作风。

6. 安全

强化安全生产意识，消除安全隐患，预防安全事故的发生，建立和完善安全操作规程和应急预案。

7. 节约

有效利用资源，减少浪费，提倡节能降耗，通过合理化建议等方式持续改进生产流程，降低生产成本。

（四）推行7S管理的意义和目的

推行7S管理在企业或组织中具有重要的意义。它不仅关注现场环境的改善，还重视企业文化、员工素养及整体运营效率的提升等。

1. 提高工作效率

（1）减少寻找时间：通过整理和整顿，使物品摆放井然有序，员工可以迅速找到所需物品，减少寻找时间，提高工作效率。

（2）优化作业流程：清扫和清洁工作有助于发现并解决作业过程中的瓶颈和浪费，

优化作业流程，提高整体生产效率。

2. 保障服务质量

（1）减少错误和缺陷：整洁有序的工作环境有助于减少因物品混乱产生的错误和缺陷，提升服务质量。

（2）维护设备：定期清扫和保养设备，确保设备处于良好运行状态，避免因设备故障引发质量问题。

3. 降低成本

（1）减少浪费：节约原则要求合理利用资源，减少物料、能源和时间的浪费，从而降低生产成本。

（2）提高设备利用率：通过有效管理和维护设备，延长设备使用寿命，提高设备利用率，进一步降低成本。

4. 塑造良好企业形象

（1）提升现场形象：整洁、有序、安全的工作环境能够给客户留下良好的第一印象，提升企业形象。

（2）增强员工自豪感：良好的工作环境和企业文化能够增强员工的归属感和自豪感，提高员工满意度和忠诚度。

5. 强化安全管理

（1）预防安全事故：通过安全原则的实施，强化员工的安全意识，加强员工安全技能培训，预防安全事故的发生。

（2）建立应急机制：建立和完善应急响应机制，确保在安全事故突发时能够迅速、有效地处理。

6. 提升员工素养

（1）培养良好习惯：通过持续的 7S 管理活动，培养员工良好的工作习惯和行为规范。

（2）提高团队协作能力：整洁有序的工作环境有助于促进员工之间的沟通和协作，提高团队协作能力。

7. 推动持续改进

（1）建立标准：7S 管理要求制定和执行各项标准和规范，为持续改进提供基础。

（2）激发创新：通过不断发现问题、解决问题并总结经验教训，激发员工的创新思维和持续改进意识。

（五）推行 7S 管理的常见问题

在推行 7S 管理的过程中，企业常常会遇到一些常见问题。这些问题可能源于对 7S 管理的认知与理解不足、执行与落实不力、人员与资源问题、具体执行中的问题、管理层面的问题等多方面的因素。

1. 认知与理解不足

（1）对 7S 管理理解片面：许多企业对 7S 管理的理解仅停留在表面，认为它只是一种简单的整理和清洁工作，没有真正认识到 7S 管理对企业现场管理、员工素养提升及整体运营效率提高的重要性。

（2）缺乏系统认知：没有将 7S 管理视为一个完整的系统，而是将其各个部分割裂开来，导致在实施过程中缺乏整体性和连贯性。

2. 执行与落实不力

（1）缺乏明确的目标和计划：在推行 7S 管理时，没有制订明确的目标和计划，导致实施过程缺乏方向性和针对性。

（2）执行标准不统一：不同部门或员工在执行 7S 管理时标准不一，导致整体效果参差不齐。

（3）缺乏持续性和稳定性：7S 管理需要长期坚持和持续改进，但许多企业在初期热情高涨，之后逐渐放松对 7S 管理的执行和监督，导致效果逐渐减弱甚至消失。

3. 人员与资源问题

（1）员工参与度不高：员工对 7S 管理认识不足，缺乏参与的积极性，导致实施过程中遇到较大阻力。

（2）缺乏专业培训和指导：员工没有接受系统的 7S 管理培训，对如何正确执行 7S 管理缺乏了解和掌握。

（3）资源投入不足：企业在推行 7S 管理时，没有给予足够的资源支持，如资金、人力、物力等，导致实施效果不佳。

4. 具体执行中的问题

（1）仪容不整或穿着不整：员工仪容不整或穿着不整，不仅影响作业场所气氛，还可能削弱团队精神。

（2）仪器设备摆放不当：仪器设备摆放杂乱无章，导致作业流程不流畅、搬运距离增加，从而浪费工时，降低生产效率。

（3）仪器设备保养不良：仪器设备保养不到位，影响使用寿命和精度，进而影响工作效率和服务质量。

（4）工具乱摆放：工具乱摆放导致找寻时间增加、人员走动增多、工具易损坏和堆积浪费场所等问题。

5. 管理层面的问题

（1）管理层支持不足：管理层对 7S 管理的重视程度不够，缺乏足够的支持和推动，导致实施受阻。

（2）缺乏监督和评估机制：没有建立有效的监督和评估机制，无法及时了解 7S 管理的实施效果并进行调整和改进。

针对以上问题，企业在推行 7S 管理时需要采取一系列措施加以解决。第一，加强对 7S 管理的宣传和教育，提高员工的认知和理解；第二，制订明确的目标和计划，并统一执行标准；第三，加强对员工的培训和指导，提高执行效果；第四，加大资源投入力度，确保实施顺利；第五，建立监督和评估机制，确保 7S 管理的持续改进等。通过这些措施的实施，企业可以克服推行 7S 管理过程中的常见问题，实现现场管理水平的提升和企业整体竞争力的增强。

第二节 班组及班组管理

一、班组及班组长

（一）班组定义

班组是指为了共同完成某项生产（工作）任务，而由一定数量的工作人员在有统一指挥、明确分工和密切配合的基础上所组成的一个工作集体。

班组是仓储企业组织生产经营活动的基本单位，也是仓储企业基层的生产管理组织。仓储企业的所有生产活动都是以班组为依托来推进和落实的。因此，班组管理水平的高低直接关乎企业生产经营的成效。班组犹如人体中的细胞，只有每个细胞都保持健康，人的身体才可能健康。同样，班组工作的高效有序是企业持续发展、焕发旺盛生命力的关键所在。

（二）班组的地位和作用

1. 班组是增强企业活力的源头

班组是职工从事劳动、创造财富的直接场所，员工的主人翁地位首先在班组活动中体现出来。

2. 班组是企业生产经营的基本环节

企业的各项任务、计划、指标及相关经营决策都需要层层分解，并最终落实到每一个班组。要组织好生产、维护好设备、控制好成本、抓好质量和提高效益，班组的作用至关重要。班组根据企业的要求，直接指导和规范班组工人的行动，协调部门和工种之间的关系，确保个人和企业、局部和全局的生产保持均衡。

3. 班组是企业各项管理工作的最终落脚点

各种生产数据和信息资料都依赖于班组的提供，各种规章制度和工艺规程需要班组来执行，各项管理工作也需要班组来具体落实。因此，只有当班组的管理工作得到有效实施时，企业的管理才能产出实际效益。

4. 班组是提高员工技术水平的重要阵地

班组不仅是一个生产组织，也是企业进行培训、开展业务竞赛、实现岗位练兵的平台和基地。以班组为主导的技能学习是班组成员提升知识水平和业务技能的主要途径之一。企业的技术改造和引进先进技术的消化都需要在班组层面得到落实，这就在技术、业务和文化素质方面对班组成员提出了更高的要求，以便发挥员工的聪明才智。

（三）班组长的概念和类型

1. 班组长的概念

班组长是指在生产现场直接管理一线员工，对本班组工作结果负责的人。班组长是班组管理最直接的领导者和指挥者。

班组长既是班组中的领导者，也是仓储企业基层的负责人。在管理工作中，经营层的决策做得再好，如果没有班组的全力支持和密切配合，缺乏得力的班组长来组织和实施，那么这些决策就很难落实。班组管理是指为了完成生产任务而进行的一系列管理活动，它要求班组长充分发挥班组成员的主观能动性和生产积极性，通过团结协作，合理组织人力、物力资源，并充分利用各方面信息，以确保班组生产均衡且有效地进行。最终目标是使生产任务按质、按量、按期、安全地完成，从而为企业的持续发展提供坚实支撑。

2. 班组长的类型

（1）生产技术型

生产技术型的班组长往往是业务领域的佼佼者，但他们在人际关系的协调上可能略显不足，工作方法通常比较直接，倾向于用对待自然科学的方式来处理社会现象和人际关系。

（2）盲目执行型

盲目执行型的班组长往往习惯于严格遵循上级指示，缺乏创新和独立思考的能力。这种类型的班组长在态度和作风上可能显得生硬，缺乏灵活性和应变能力。

（3）平庸型

有些班组长勉为其难担任这一职务，对待班组长应承担的工作会有抵触心理，在工作中往往表现为得过且过，对工作缺乏应有的责任心。这样的班组长在班组成员中往往难以建立威信。

（4）劳动模范型

在工作中，劳动模范型的班组长一般是踏踏实实、勤勤恳恳地工作，但有些不适合担任领导。这部分人需要提升管理能力。

（5）义气型

义气型的班组长对待班组成员常常是称兄道弟，像哥们儿一样，在工作中自然也容易感情用事，缺乏原则性。该类型的班组长更像是非正式团体的领袖，没有发挥好班组长应有的管理和领导作用。

（四）班组长的作用和任务

1. 班组长作用

班组是仓储企业的基本单位，班组长作为这一基层单位的领导者，其角色和地位至关重要。因此，班组长只有认清自己的角色和地位，才能在实际工作中发挥自己的价值和作用。

在企业中，可以将管理人员划分为三个层次：决策层、管理层和执行层。决策层一般指总经理、董事长，主要负责企业战略的制定及重大事件的决策；管理层包括部门经理、科长、主管等，主要负责组织和督促部门员工保质保量地完成工作任务；执行层指最基层的管理者，如工段长、队长、班组长等。

班组长作为连接基层与管理层的桥梁，在接受和完成任务时需要明确自己的角色。首先是对企业负责，完成高层管理者分配的任务，做好执行者和助手的角色；其次是对部门经理、科长或主管负责，完成他们交办的任务；最后要对组员负责，及时反映本班组成员存在的问题，解决组员的实际困难。作为班组长，只有通过自己创造性的工作，把这三类人的利益融合在一起，才能真正发挥出应有的作用。

2. 班组长的任务

班组长的最根本任务是在现场组织生产和创造利润。作为生产的直接组织者和参加者，班组长既是技术骨干，也是业务上的多面手。班组长的任务和职责包括以下几个方面。

（1）及时完成生产任务。班组长负责向班组成员传达上级指示精神和部署工作，向上级请示和汇报班组工作，开好班前班后工作会，协调岗位、班组之间的关系，及时处理工作过程中的各种问题。

（2）提高工作质量。质量关系到市场和客户，班组长的任务是带领班组成员按时按量地提供高质量仓储服务。具体就是要负责检查、督促员工严格执行企业、部门和班组的各项规章制度，完善考核办法和各项措施，确保工作质量符合标准。

（3）提高生产效益。提高生产效益是指在同样的条件下，通过不断创新并挖掘员工的生产积极性、改进操作方法和管理流程，来提供更好的仓储服务。具体负责实施班组经济责任制规定的内容，做好班组的考评工作。

（4）降低生产成本。降低生产成本包括节省原材料、节约能源、降低人力成本等。物流成本的高低直接影响企业的利润，班组长需要通过有效的管理来降低这些成本。

（5）防止工伤和重大事故发生。防止工伤和重大事故发生包括监督班组成员严格按照操作规程操作，保养好设备和做好现场的卫生，确保人和设备运行的安全。

（6）搞好班组的团队建设工作。及时掌握班组成员的思想动态，做好班组人员的思想工作，调动各方面的积极因素，做好人员的排班、考勤和员工的情绪管理工作等。

（五）班组长的能力和素质

1. 管理技能

（1）概念技能：管理者对复杂情况进行抽象和概念化的能力。

（2）人际技能：与其他人能够一起有效开展工作的能力。

（3）技术技能：在组织中发挥某一角色作用的、与特定岗位有关的专业知识和技术。

对于班组长，技术技能所占的权重最高。班组长必须是业务尖子和行家里手，只有这样，他们在说话时才更有分量、有权威。当然班组长需要具备较强人际技能，而概念技能所占的权重相对较低，班组长的工作精力主要是在一线操作上。

2. 班组长的业务素质

（1）专业能力，班组长需要对自己的业务（包括人员、设备、物料、方法等）非常熟悉。

（2）目标管理能力，班组长应具备目标管理能力，能使用 PDCA 循环法不断改进现场作业质量。

（3）解决问题能力，班组长需要善于运用多种方法来解决实际操作中遇到的问题，他们应具备遇事多思考的习惯，能够迅速分析问题，找出根源，并提出切实可行的解决方案。

（4）组织能力，班组长应具有一定的组织能力，能够带领好班组成员，激发团队成员的积极性。

（5）沟通能力，班组长应具备良好的沟通能力，善于倾听与沟通，并具备商谈、疏通及说服对方的能力。

（6）指导团队成员的能力，班组长应具备指导团队成员的能力，能够传授给新手必要的知识及方法，提高团队的整体业务能力。

二、班组管理

（一）班组管理的主要内容

概括来讲，班组管理主要包括安全管理、生产和技术管理、全面质量管理、日常资料管理、业务教育及培训管理、班组文化建设等内容。

1. 安全管理

安全生产是班组管理的首要任务。班组要秉承"安全第一、预防为主"的原则，落实有关安全责任书的岗位职责和内容。在班组会上，要重点强调安全措施和质量要求，定期检查工作进度，以及安全、技术和质量工作的完成情况，形成人人保安全的互相监督、互相约束的安全监督保证体系。在生产中，要严格执行各类安全规程，扎实开展作业现场危险点的分析和预控工作，确保防范措施责任到人，实现班组成员工作过程的预控、可控和在控。同时，结合班组的业务特点，分析薄弱环节，采取针对性的措施消除事故隐患，控制异常。对所辖设备和外单位发生的事故和异常情况要及时分析，总结经验，吸取教训。积极采用新技术、新方法对设备进行安全技术分析和故障预测，做到及时发现和排除隐患和异常。

2. 生产和技术管理

班组须科学合理地组织安排班组的生产工作，确保安全、优质、高效地完成上级下达的各项仓储工作任务和经济技术指标。通过开展标准化管理，推行标准化生产，提高工作效率。同时，严格执行工作规程和各项管理制度，坚持文明生产，实行定置管理，保持现场干净整洁。此外，还须强化班组成员效益意识，积极开展增产节约、增收节支活动，加强消耗和定额费用管理，努力降低成本。

在技术管理方面，要严格执行企业技术管理规定和各类技术标准，审定班组工作中的技术方案和安全技术措施，并对生产质量、技术安全和劳动组织等措施的落实、技术革新、提高工作效率等方面进行总结评价，对存在问题进行改进。

3. 全面质量管理

全面质量管理是班组管理中的核心环节。班组成员必须牢固树立"质量第一"和"服务至上"的理念，不断强化全面质量管理和现代管理意识。为此，班组需要积极落实全面质量管理的相关要求。这包括推动现场作业的标准化和程序化，确保每一项工作都遵循既定的标准、规程和工作流程。通过这种方式，班组能够树立起良好的工作作风和质量意识。在安全管理方面，班组需要加强对安全工器具、劳动防护用品和消防器材的管理。同时，设备管理也是全面质量管理的重要组成部分。班组需要严格执行设备管理制度和操作规程，做好设备的日常维护和计划检修工作，努力提高物流设备的健康水平。在数据管理方面，班组需要按照计量法规采集数据，并正确使用各种仪器仪表和度量衡器具。对于各种器具，应实行集中定置保管，并按时进行校核和试验，以确保数据的准确性。此外，加强信息管理也是全面质量管理不可缺的一环。班组需要做好各种原始记录、统计报表和台账的填写、保管和传递工作，确保这些信息的准确性和及时性。班组还需要搞好备品备件、工器具及材料的使用管理工作，发放（借用）手续必须齐全，确保账、卡、物相符。同时，要及时完善班组各类设备档案和台账，对技术革新、流程改进等成果进行整理和规范归档。

4. 日常资料管理

班组日常资料管理是确保工作有序、高效进行的重要环节。为此，班组需根据上级规定和实际工作需求，配备一系列齐全且适时的依据性资料。这些资料涵盖了国家、行业、地方政府及企业自身颁布的标准、政策法规、作业指导书，以及班组自行制定的相关制度。具体包括：①班务活动记录。班务活动记录是班组日常工作的详细记载，主要包括班务会、政治学习及当天的主要工作和事件。其中，应详细记录工作安排、事项分配、存在的问题及设备使用状况等，以确保班组工作的透明度和可追溯性。②安全活动记录。安全活动记录是班组安全管理的重要组成部分。班组需结合专业工作实际及特点，定期开展安全例会，并记录会议内容。③技术业务培训记录。技术业务培训记录主要反映班组在技术问答、事故预想、反事故演习等方面的培训情况。④文件资料类记录。文件资料类记录是班组工作和管理的重要依据。这类记录包括上级下发的各类与本班组有关的技术标准、政策法规等；本单位下发的各类文件等；班组自行制定的各项管理制度、技术方案、安全措施等。⑤工会活动记录。工会活动记录主要反映班组在民主管理、经济责任制考核以及创先争优活动等方面的情况。

5. 业务教育及培训管理

班组应积极开展具有针对性的安全教育与技术培训活动，确保成员及时汲取安全技术知识，并深入理解各项规章制度。通过定期组织的安全规程考试，确保全员达标，强化安全防范意识。

培训应紧密结合班组工作特性，实施现场培训策略，包括现场讲解、考问互动、技术问答及反事故演习等多种形式，旨在提升成员技术素养与实操能力。培训内容涵盖设备与系统的基本原理、仓储设备操作流程、事故处理方法，以及本岗位的规程制度，确保成员能够及时发现并排除故障，保障工作高效完成。

6. 班组文化建设

班组应着力强化服务意识，深入开展职业道德教育，确保成员在实际工作中尽职尽责。在公共活动场合，成员应自觉维护企业形象，展现良好风貌。

结合企业文化建设要求，班组应积极组织开展形式多样的业余文化活动，以增进成员身心健康，培养高尚的兴趣爱好，为班组注入活力与朝气。同时，班组应关注成员思想动态，有针对性地开展思想政治工作，通过谈心交流等方式，营造互帮互助、团结友爱的氛围，增强班组凝聚力，激发成员工作热情与创造力，为班组长远发展奠定坚实的基础。

（二）班组管理的激励理论

管理确实既是科学理论，又具有很强的实操性，是技术和理论的结合。管理者需要具备适应变化和适应环境的能力，这是管理工作的重要要求。班组管理水平受到领导者水平、被领导者素质和工作环境这三方面因素的制约。常见的激励理论有以下几种。

1. 内容激励理论

内容激励理论聚焦于人的内在需求和动机如何驱动行为，涵盖马斯洛的需求层次理论与赫茨伯格的双因素理论。

（1）需求层次理论

马斯洛从人的需要角度出发研究激励，指出人有生理、安全、归属与爱（社交）、尊重和自我实现五种需求，这些需求层层递进、相互关联。当较低层次需求得到相对满足后，更高层次需求便会上升为主导；通常，多种需求会同时存在，但某一阶段会有主导需求。低层次需求偏向物质生活，需求弹性较小；高层次需求则倾向于精神生活，需求弹性较大。随着社会进步，社交需求、尊重需求及自我实现需求越发重要。

在企业管理中，管理者需注意：当员工低层次需求占主导时，不应忽视其高层次需求的满足；反之，当高层次需求成为主导时，也不能忽略低层次需求。

（2）双因素理论

赫茨伯格的双因素理论涉及保健因素和激励因素。保健因素涉及公司制度、政策、人际关系、工资福利、个人生活及工作条件等，与工作环境紧密相关，处理不当易引发员工不满；激励因素则包括领导赏识、工作本身等，与工作特性相关，处理得当可激发员工积极性。在企业管理实践中，双因素理论的价值在于明确区分激励与非激励因素。管理者应避免将激励因素降格为保健因素，以免失去激励作用甚至引发不满。激励员工的方式多样，一是领导赏识，这是一种成本最低却效果显著的激励方式，有时一个眼神、一个动作就能极大地鼓舞员工；二是工作本身，工作的新颖性、挑战性及责任感等对年轻员工尤其具有激励作用。

2. 行为改造理论

行为改造理论侧重于从外部环境角度出发，探讨如何转变和塑造人的行为模式，主要包括强化理论、归因理论等内容。

（1）强化理论

斯金纳提出，人们为了实现特定目标，会采取相应行动与环境互动。当这些行为带来有利结果时，它们会在将来更频繁地被重复；反之，若结果不利，则行为会逐渐减少直至消失。

在企业管理实践中，运用强化理论激励团队可从以下方面入手。①以正强化为主，慎用负强化。在仓储管理中，对于达成个人目标或阶段目标、表现突出的员工，应及时给予物质和精神奖励（即强化物），以此鼓励其正面行为。而在不得不使用负强化（如惩罚）时，务必基于事实，方法得当，确保处罚公正、准确，以减少负面影响。②注意强化的时效性。及时强化能够显著提升行为反应的强度，但并非所有情况下都需要立即强化。适时地进行非预期、间断性的强化，往往会取得更好的效果。③采用因人而异的强化方式。在实施强化措施时，应考虑个体差异，灵活调整策略以适应不同对象和环境变化。同时，利用信息反馈来增强强化效果，使员工明确行为与后果之间的联系。

（2）归因理论

归因理论认为，个体的个性特征、过往经历等会影响其对事件的归因方式；人们对先前成功或失败的归因将直接影响其对未来事件的期望、情感投入及努力程度；而这些心理因素又进一步作用于个人的成就行为。

在管理实践中，面对员工的抱怨和工作效率低下等问题，管理者应深入了解员工的归因倾向。通过建立有效的激励机制和反馈体系，如提供适当的抱怨渠道、就事论事地处理问题，帮助员工正确解读事件原因，进而提升员工的工作满意度。

3. 过程激励理论

过程激励理论着重探讨动机与行为之间的心理关联，涵盖弗洛姆的期望理论与亚当斯的公平理论两大核心理论。

（1）期望理论

1964年，行为科学家维克托·弗洛姆提出了期望理论，强调人们总是追求满足特定需求并设定目标。在目标未达成前，它表现为一种期望，并反过来激发个人的动机。这种激发力量的大小取决于目标价值（效价）与期望概率（期望值）的乘积，用公式表示为：$M=V\times E$。其中，M 代表激发力量，即调动个体积极性、激发内在潜力的强度；V 表示目标价值（效价），指目标满足个人需求的程度；E 则是期望值，反映个人根据经验判断达成目标的可能性大小。后经发展，期望公式进一步完善为动机＝效价×期望值×工具性。其中，工具性涵盖环境、任务工具等帮助个人达成目标的外在因素。

在管理实践中，设计激励机制时，应确保激励内容与方式贴合员工的真实需求。同时，制定绩效目标需综合考虑内外部环境，以增强员工对目标实现的信心。优良的工作环境、设备及文化制度，均能激发员工的工作热情与积极性。

（2）公平理论

美国行为科学家斯塔西·亚当斯的公平理论指出，信息透明对于提升管理效率至关重要，它能增强员工的公平感。公平不仅体现在结果上，更体现在过程上。唯有过程公平，员工才会对结果心服口服。在考虑公平时，还需结合企业的实际现状与发展阶段。

在仓储管理实践中，管理者应采取以下措施：①引导员工树立正确的公平观念，确保他们理解并认同公平原则。②重视员工的公平感受，员工的公平感受直接影响整个组织的积极性和稳定性，因此需谨慎处理。③管理者的行为必须遵循公正原则，营造一个公平的工作环境。④建立科学合理的激励机制，确保报酬分配体现"多劳多得，质优多得，责重多得"的原则，并结合精神激励与物质激励手段，以激发员工的更大潜能。

本章小结

本章主要介绍了现场和现场管理的概念、特征和内容，重点介绍了7S管理的内容和应用，目的为提升现场管理质量。然后介绍了班组和班组长的相关内容，以及班组管理中的相关激励理论和应用技巧。

练一练

1. 简述 7S 管理的内容。
2. 简述推行 7S 管理的意义和目的。
3. 简述班组的地位和作用。
4. 简述班组长应具备的能力和素质。
5. 举例说明激励理论的应用。

第六章 智慧仓储的库存管理

学习目标

- 了解库存管理的基本原理。
- 掌握库存控制的目标和因素。
- 熟悉牛鞭效应的危害。
- 掌握并熟练运用库存控制模型。
- 培养追求卓越、精益求精的职业精神。
- 树立底线思维和风险意识。

导入案例

美特斯邦威的库存优化

美特斯邦威根据其门店分布范围广、提送货批量小的特点，精心设计了一套综合业务流程："循环取货+集拼中转+长途干线运输+省际班车+同城配送"。该流程通过定点循环取货班车的高效运营、区域集拼平台的灵活调度及自主整车和专线运输的有力支撑，确保客户货物能够迅速从加工厂抵达指定地点，及时满足客户的订单需求。

依托先进的物流供应链管理信息系统，美特斯邦威实现了对物流全过程的时段跟踪、地段定位及异常信息实时反馈，真正做到物流全程可视化、可控化。遍布全国的作业网点结合智能化物流管理系统及高度灵活的业务流程，为美特斯邦威在销售地和中转地库存管理提供了一站式解决方案。该方案通过科学布局、合理设置安全库存、优化配送路径等多重策略，有效提升了供应链响应速度，减少了不必要的中间环节，不仅满足了前端市场的多变需求，还实现了物流成本的整体优化。

这一物流体系以其快速、精准、灵活的特点，显著减小了美特斯邦威的库存压力，提高了市场反应的敏捷度，并大幅减少了逆向物流成本和残损成本。同时，订单处理的灵活性和响应速度也得到了质的提升，有效缓解了紧急销售等特殊情况下的销售压力，让客户能更专注于核心业务，助力客户核心竞争力的持续提升。

讨论：美特斯邦威如何与供应商和分销商协同工作，实现库存优化？

第一节 库存管理基本原理

一、库存的概念与分类

（一）库存的概念

库存指储存作为今后按预定的目的使用而处于备用或非生产状态的物品。其范围包括但不限于原材料、零部件、半成品、成品等。广义的库存还包括处于制造加工状态和运输状态的物品。

（二）库存分类

1. 按库存功能划分

（1）商品库存，指零售商或批发商所持有的、准备销售给消费者的各类商品。这些商品可能是成品，也可能是已加工或待加工的物品。

（2）制造业库存，指在生产过程中，企业为维持生产活动、满足市场需求而持有的各种物料和产品的总和。这些库存涵盖原材料、在制品、半成品及成品等不同形态的存货。

（3）其他库存，指除上述库存外，用于描述不属于主要库存分类的其他所有库存物品。此分类通常包含特殊项目或不易归类的物品，其内容依据企业的业务特点和行业差异而有所不同。

2. 按库存货物的存放地点划分

（1）仓库库存，指已经运送至企业且验收后存放在仓库的各种物品的库存。

（2）转运库存，指在供应链中，货物从供应商或仓库运输到另一个仓库或最终客户过程中的库存。

（3）委托加工库存，指企业将生产任务委托给外部制造商或加工商时，在生产过程中或等待进一步加工的原材料、半成品或成品。这种库存管理方式使企业能够利用外部资源来满足生产需求，无须自己拥有全部生产能力。

（4）委托代销库存，是一种特殊的库存管理方式，供应商将商品发送给代销商或零售商，但商品所有权直至实际售出时才转移给代销商。这意味着在商品售出之前，库存所有权仍归供应商所有，而代销商负责销售和日常管理。

3. 按库存货物生成原因划分

（1）周期库存，指补货过程中产生的库存，用于满足确定条件下的需求，其前提是企业能够准确预测需求和补货时间。

（2）在途库存，指从一个地方运往另一个地方、处于运输路线上的物品。在未到目的地之前，可将在途库存看作运输出发地的库存。

（3）安全库存，又称缓冲库存，是指由于生产需求的不确定性（如交货突然延期等），企业需要持有的周期库存以外的库存。

（4）投资库存，指不是为满足目前的需求，而是出于其他原因（如价格上涨、物料短缺或预防罢工等）而囤积的库存。

（5）季节性库存，指在生产季节开始之前积累的库存，目的在于确保稳定的劳动力和生产运转。

（6）闲置库存，指在某些特定时间内不存在需求的库存。

二、库存的作用及库存管理的重要性

（一）库存的正向作用

1. 提升服务质量

对于销售企业而言，保持一定数量的最终产品库存是为了应对市场的销售变化。库存的存在能够增强企业满足市场需求和客户要求的能力，有效避免缺货现象的发生。在传统模式下，由于企业难以准确预测市场的真实需求，往往依据对市场的预估进行生产，因此保持一定的库存量是必要的。然而，随着供应链管理技术的不断发展，这种因预测不准确而产生的库存正在逐渐减少或消失。

2. 稳定生产运营

企业根据销售订单和销售预测来制订生产计划，并据此安排采购计划、下达采购订单。由于采购的物品存在交货提前期，且这一提前期是基于统计数据或供应商生产稳定性的假设而设定的，因此存在一定的供应风险，可能导致交货延迟，进而影响企业的正常生产，造成生产不稳定。为了降低这种风险，企业会选择增加原材料的库存量。同时，库存的存在还能够确保生产的连续性，减少因设备故障等突发情况对生产造成的影响。

3. 平衡企业物流

在企业采购原材料、在制品管理及销售成品的物流环节中，库存发挥着重要的平衡作用。采购的原材料会根据库存容量进行协调收货入库。对于生产部门的领料请求，需要综合考虑库存容量、生产实际情况（如场地、人力等资源）来进行物料发放的平衡，并协调在制品的库存管理。此外，还需要根据销售情况对各个分支仓库的库存调度和出货速度进行协调，以确保物流的整体平衡。

（二）库存的副作用

库存的弊端主要表现在以下几个方面。

1. 占用企业大量资金

库存中的材料、在制品及成品的成本占用了企业大量的流动资金，导致企业大量资金被库存所占用，从而产生了资金成本，这对企业来说无疑是一种负担。

2. 增加企业的产品成本与管理成本

库存材料的增加直接推高了产品成本，同时，库存设备的购置、维护，以及管理人员的配备也进一步加大了企业的管理成本。

3. 掩盖生产活动中的问题

库存的存在往往掩盖了生产过程中的诸多问题，如计划安排不周、采购流程不畅、生产进度不均衡、产品质量波动及市场销售乏力等。

（三）库存管理的重要性

库存管理是企业运营中的关键环节，直接关乎生产、销售及利润表现。库存管理水平的高低，不仅影响企业的经济效益，还决定着企业在市场中的竞争力。库存管理的核心在于对存货的精细控制与优化，旨在满足客户需求的同时，将库存成本降至最低。

有效的库存管理策略能助力企业减少资金占用，加速资金流转，提升市场响应速度与竞争优势。通过精准的需求预测、适度的库存控制及科学的库存布局，企业能有效避免过度库存与缺货现象，降低库存成本，提高客户满意度。此外，良好的库存管理还增强了企业应对市场变化的灵活性与抗风险能力。

三、库存管理的内容与分类

（一）库存管理的内容

库存管理又称库存控制，是指企业在经营过程中对各类物品进行规划、组织、控制和协调的一系列活动，库存管理的目的是确保库存数量维持在经济合理的范围内。其中，经济合理的范围是指既要满足生产与市场需求，又要尽可能降低库存水平，以实现成本与效益的最优平衡。库存管理的主要内容包括以下几个方面。

1. 需求预测与计划

库存管理的直接目标在于满足市场需求，因此需求分析构成了库存控制理论的基础和前提。企业须综合利用历史数据、市场趋势、季节性因素等关键信息，定期对库存进行全面评估，包括数量、价值及状态等方面，并据此进行未来需求预测。需求预测的重要性主要体现在以下几个方面。

首先，需求预测能够帮助企业进行资源的合理分配和优化。通过对历史销售数据、市场趋势及季节性变化等要素进行分析，企业能够预测未来的产品需求，从而科学地制订生产计划、调整库存水平和优化物流安排。这一过程有助于减少库存积压现象，避免过剩或缺货情况的发生，确保供应链的高效运转。

其次，需求预测对企业的财务规划和战略决策起到关键作用。准确的需求预测能够指导企业在资本投入、成本控制和收入预期等方面做出更明智的选择。同时，需求预测还能够提高企业的市场响应速度，使其能够快速适应市场变化，敏感捕捉商机，保持竞争优势。

因此，需求预测与计划不仅对企业的日常运营至关重要，还会对企业的长期发展和市场竞争力产生深远影响。通过精细化的需求管理，企业能够更好地满足客户需求，提升服务质量，进而提高运营效率和盈利能力。

2. 库存控制与优化

库存管理的目标是实现库存的最优水平，既能满足客户需求，又能将成本和风险降至最低。库存控制涉及对库存成本的深入分析，如订货费用、库存维持费用等，并主要依据优化理论，以总费用最小化作为最优准则。

企业根据市场需求、生产能力、资金状况等因素制定库存管理策略。库存管理策略旨在满足需求的前提下，通过优化总费用，决定何时补充库存及每次补充的数量。

库存控制与优化能够显著提升企业的服务水平和客户满意度。通过精准的需求预测和高效的库存管理，企业能够确保产品及时供应，有效避免缺货情况的发生，从而提高客户服务质量。同时，合理的库存控制还可以减少过剩库存，避免资金过度占用，提高资金的流动性和使用效率。

3. 供应链协调

供应链协调涉及企业与供应商、分销商和物流服务提供商等供应链各方的紧密合作，旨在确保库存补给的及时性和降低成本，同时有效管理供应链风险，确保库存管理的灵活性和响应能力。

供应链协调在现代企业管理中扮演着至关重要的角色，它要求企业内外部不同环节之间的良好协作，以实现最佳协同效果，从而提高运营效率、降低成本、优化资源并强化风险管理。供应链协调的作用主要体现在以下几个方面。

首先，供应链协调能够降低成本和提高效率。通过供应链协调，企业能够有效解决物流障碍、库存积压或供需失衡等问题，推动供应链流程的顺畅运行，从而显著降低成本并提升整体效率。此外，协调机制还增强了供应链的适应性与韧性，使企业能够更敏锐地洞察客户需求，迅速应对市场波动，灵活调整生产与供应策略。

其次，供应链协调有助于优化资源分配和风险管理。借助信息共享和数据交流，企业能够进行更精准的需求预测和计划，减少资源浪费，并通过协调机制实现风险共担，提高整个供应链的抗风险能力，确保供应链的稳定性与可靠性。

（二）库存管理的分类

库存管理可以按照供应来源、需求类型、库存决策的重复性和库存系统的类型来划分。

1. 按供应来源分类

按供应来源的不同，库存管理涉及内部供应与外部供应两大类。内部供应指的是企业利用自身生产能力制造所需物品，实现自给自足；而外部供应则是指企业通过向其他企业采购来获取所需物品，这是企业在无法内部生产或选择外购时常用的方式。

2. 按需求类型分类

根据需求类型的不同，库存管理可分为确定型、风险型和不确定型三种。确定型库存管理面对的是确切的未来需求量，企业能够据此进行精准的库存规划；风险型库存管理则涉及未来需求量的概率分布，企业需要通过统计和预测来评估需求风险；而不确定型库存管理则更为复杂，因为未来需求量没有明确的界定，企业需要更加灵活和谨慎地进行库存决策。

3. 按库存决策的重复性分类

库存决策的重复性是库存管理的另一个重要分类维度。一次性订货（单周期订货）指的是货物一旦订购并到货后，通常不再进行重复订购；而重复性订货（周期订货）则是指企业会根据销售或使用情况，定期或不定期地重复订购同一货物，以满足持续的需求。

4. 按库存系统的类型分类

库存系统的类型也是库存管理分类的重要方面。固定订货量系统要求企业在库存降至特定订货点时立即进行订货，以确保库存水平的稳定；固定订货间隔期系统则是按照预设的时间周期进行订货，无论库存水平如何变化；而派生的订货量系统则更加灵活，它允许企业在需求发生时才进行订货和补货，以最大限度地减少库存积压和浪费。

四、库存管理的模式

随着企业管理的不断完善，库存管理也历经了四种模式，分别是传统库存管理模式、供应商库存管理模式、联合库存管理模式和协同式供应链库存管理模式。

（一）传统库存管理模式

传统库存管理模式下，每个节点企业都是独立的库存管理者。每个企业管理者都是从企业自身利益出发，各自为政，缺乏交流，各级节点企业都是根据实际订单的数量来确定其库存持有量。其实企业备有一定量的库存能降低缺货风险，在一定程度上减少对供应商的依赖，但也随之带来了库存成本上升、利益冲突加剧、牛鞭效应显现及合作与沟通困难等问题。传统库存管理模式包括定期库存控制模式、ABC 库存控制模式、经济订购批量模式等多种。

传统库存管理模式各节点企业的库存管理是各自为政的，各个企业仅仅考虑自己的利益，没有把所有企业都作为供应链上的组成部分，未能从供应链整体视角去考虑库存管理问题。每个企业的自身情况和利益愿景不同，很容易产生矛盾，因此脱离供应链去考虑库存管理存在很大局限性。

（二）供应商库存管理模式

近年来，越来越多的企业开始尝试让供应商进行库存管理，即供应商库存管理

（Vendor Managed Inventory，VMI）模式，它是一种在供应链环境下的库存运作模式。本质上，供应商库存管理模式是将多级供应链库存问题转变为供应商单级库存管理问题，不同于传统用户发出订单进行补货的传统做法，VMI模式根据实际或预测的消费需求来补充库存。因此，这种模式增强了供货商对市场需求的响应速度。然而，VMI模式的成功实施依赖于合格的合作伙伴选择、明确的契约关系及高效的信息沟通系统。

供应商管理库存的实施阶段至关重要，买卖双方往往会成立专门部门，以项目化运作方式推进，确保项目实施前后物料供应的稳定性。其运作基于互惠互利的原则，通过订立框架协议、搭建信息沟通系统，保证供应商能够及时掌握需求动态，从而做出精准反馈，高效开展供货活动。

与传统库存管理模式相比，供应商库存管理模式优势明显。它将库存管理的压力转移至供应商，供应链下游企业只需与供应商亲密协作，就可以实现零库存状态。但供应商库存管理模式并非完美的库存管理方案，也有其不足，特别是在当前市场竞争如此激烈、企业知识产权保护意识日益增强的情况下，维系企业间的协同合作是一大挑战。一旦出现沟通障碍，上下游企业只考虑自己的利益时，供应商库存管理模式将受到冲击，难以稳定运行。

（三）联合库存管理模式

联合库存管理模式旨在通过提升供应链企业间的同步化程度，有效降低运营风险。联合库存管理模式强调供应链各企业共同参与库存计划的制订、执行和监督，确保相邻企业对市场需求的判断和预期保持一致，从而实现高水平的库存管理。

相较于传统库存管理模式和供应商库存管理模式，联合库存管理模式显著降低了各类固有问题发生的概率，进而提升了整条供应链的运作质量。它不仅为供应链企业间的同步化发展提供了有力保障，还为JIT采购、零库存管理及精益供应链管理创造了有利条件。通过信息共享与无缝协同，企业能够及时发现并解决问题，充分体现了供应链管理中资源共享、风险共担的核心理念。

（四）协同式供应链库存管理模式

协同式供应链库存管理（CPFR）模式是一种基于供应链的协同管理模式，其核心在于通过多方协作实现对市场需求的精准预测。在该模式下，供应链各参与方基于统一的市场预测数据与信息平台开展工作，一旦市场预测出现变化，信息能够及时、准确地传递给所有相关企业，促使各方迅速调整策略以应对市场波动。借助CPFR模式，制造商能够实时获取客户需求信息，无须为满足短交货期订单而维持大量库存，可直接依据实际订单需求安排生产，甚至有望实现零库存目标，显著提升企业经济效益。

相较于供应商库存管理模式，CPFR模式通过强化多方协同合作，有效弥补了VMI模式在信息共享深度与协作广度上的不足，成为库存管理领域的创新方案。不过，CPFR模式并非适用于所有场景。其成功建立与实施高度依赖现代信息技术的支撑，需要各企业共同搭建统一的信息沟通平台，制定标准化的协作机制，并确立一致的利益目标。唯有如此，才能充分发挥 CPFR 模式的优势，确保信息沟通的高效性与准确性，最终实现供应链各环节的互利共赢。

五、库存分析

库存分析是库存管理中的一个重要环节，它涉及库存需求分析、库存水平分析及库存费用分析。

（一）库存需求分析

库存需求分析是一个综合历史销售数据和市场趋势进行未来需求预测，并据此制订库存计划、优化库存结构的过程。库存需求分析的目的是确定企业为满足生产或销售需求所应持有的合理库存量。这种分析对于提升企业运营效率、降低成本、增强服务水平及避免供应链中断至关重要。库存需求分析的作用主要体现在以下几个方面。

首先，库存需求分析有助于企业进行准确的库存预测。通过对历史销售数据、市场趋势、季节性因素及客户反馈等信息分析，企业可以预测未来的产品需求，从而确定合适的库存水平。这样可以减少库存积压和缺货风险，确保供应链的平稳运行。

其次，库存需求分析对于优化库存管理策略至关重要。企业可以根据库存需求分析的结果，采取不同的库存控制策略，如采用 ABC 分类法，将库存分为 A、B、C 三类，对不同类别的库存采取不同策略。这种方法不仅提高了库存管理的效率，还确保了资源的有效利用。

最后，库存需求分析还有助于对库存风险的评估和管理。企业需要识别和评估可能导致库存积压、产品过时或缺货的各种风险，并制定相应的风险管理策略。这包括对供应商的依赖、市场需求波动、产品生命周期变化等风险因素的分析和应对。

综上所述，库存需求分析不仅是企业提高对市场变化的响应速度、降低库存成本的有效手段，还是改善客户满意度、实现精益库存管理的重要途径。

（二）库存水平分析

库存水平分析是对当前库存状况进行全面评估的过程。这一分析不仅清晰展现了库存的当前状况——过剩、短缺或处于理想水平，还为企业未来的库存采购与销售策略提供了科学依据。库存水平分析的作用主要体现在两个方面。

一方面，库存水平分析有助于企业实现库存优化。通过精准的数据分析，企业能够确保库存既能够满足市场需求，又避免库存积压造成的资金占用和浪费。这不仅减少了库存积压和缺货的风险，还显著提高了库存周转率，降低了库存持有成本，使企业的资金利用更加高效。

另一方面，库存水平分析对于提升企业的市场响应速度和客户满意度至关重要。通过对库存状态和销售动态的实时监控，企业能够快速响应市场变化，及时补充库存或调整销售策略。同时，合理的库存水平分析有助于企业在供应链中更好地平衡供需关系，增强供应链的灵活性和抗风险能力。这使企业能够在保持市场竞争力的同时，最大化利润空间，实现可持续发展。

（三）库存费用分析

库存费用分析是评估持有库存和管理库存所产生的各项成本的过程。

首先，这种分析有助于企业深入了解采购成本、仓储成本、保险成本及损耗成本等的构成，通过对这些成本的细致分析，企业可以识别成本控制的关键点和潜在的优化空间。例如，通过库存费用分析，企业能够精准定位哪些商品的持有成本过高，哪些商品周转率低导致资金占用过多，从而采取相应措施降低成本，提高运营效率。

其次，库存费用分析对于预算制定和财务规划至关重要。通过分析历史费用数据和预测未来趋势，企业可以更科学地制定库存采购和储存的预算。这有助于企业在保证供应链稳定性的同时，避免过度投资和资金浪费。此外，库存费用分析还可以帮助企业评估不同供应商的价格和服务，从而做出更加明智的选择，进一步优化采购决策。

第二节　智慧仓储库存控制

一、库存控制的目标和因素

库存控制需要考虑物资使用量、采购周期、到货周期、季节性波动等各类因素，因此，为了提高库存控制的水平，企业应当引入信息化手段，对每次物资的采购、使用及价值盘点进行分析核算。

（一）库存控制的目标

一般而言，库存控制的目标主要表现在四个方面。

（1）在保证生产、经营需求的前提下，使库存水平经济合理。

（2）动态监控库存量变化，适时、适量地提出订货。

（3）减少库存占用空间，提高仓库利用率。

（4）控制库存占用资金，提高资金周转率。

（二）库存控制的因素

为了实现上述目标，库存控制实际上是解决三个核心问题，即多久检查一次库存量、何时提出订货（订货点）、订多少货（订货量）。

（1）库存控制需要考虑市场需求的不确定性和变化性。通过对历史销售数据的分析和市场趋势的预测，企业可以更好地预测未来的需求量，从而确定合适的库存水平。这有助于减少库存过剩的风险，同时也能避免因库存不足而错失销售机会。采用有效的库存控制策略，企业能够确保在满足客户需求的同时，实现持有成本最小化。

（2）库存控制涉及对供应链各个环节的协调和管理。这包括与供应商的沟通、采购策略的制定、生产计划的调整及物流配送的优化。通过对整个供应链的协调，企业可以实现更高效的库存周转，减少库存积压和缺货情况的发生。供应链协调的目的是确保库存水平与生产和销售活动相匹配，从而提高整体的运营效率。

（3）库存控制需要考虑对库存成本的分析。通过对采购成本、持有成本、运输成本和潜在的缺货成本等的细致分析，企业可以识别成本节约的机会，并通过优化库存控制策略来降低总成本。

通过精细化的库存控制，企业能够提高响应市场变化的速度，降低运营成本，提升客户满意度和企业的竞争力。由此可见，库存控制系统的主要控制因素有两个，即时间和数量。在订货数量一定的条件下，订货时间过迟将造成物资供应脱节，生产停顿；订货时间过早将使物资储存时间过长，储存费用和损失增加。在订货时间一定的条件下，订货数量过少会使物资供应脱节，生产停顿；订货数量过多会使储存成本上升和储存损耗增大。企业可通过调整订货的时间和订货的数量实现库存控制。

选择合适的库存模型和库存制度使库存水平在时间和数量上既经济又合理，是库存理论研究的主要内容。

二、库存控制方法

库存管理与控制始终是企业生产经营过程中不可缺少的重要组成部分，是实现价值链增值的重要环节。在供应链管理模式下，库存是供应链管理的最大难题之一，库存量的高低不但影响单一企业的综合成本，而且制约着整条供应链的性能。因此，如何控制库存，既减少库存成本，又不影响正常的产品生产和服务客户，已经成为企业管理者必须考虑的重要问题。下面分别从库存结构、流程管理、库存量决策三个角度阐述库存控制方法。

（一）库存结构

库存结构是基于商品结构的体系框架，是由商品的数量、品类、价值、周转速度等要素所构成的相互关联、动态变化的库存架构，体现着企业库存管理的综合布局。什么样的库存结构才是合理的？不同项目、不同季节、不同时间段、不同操作模式下其标准不一样。合理的库存结构是一个动态的过程。合理库存结构是在充分保证不缺货的前提下，追求以最经济的方式使销售与库存处于最佳状态。库存结构分析有多种方法，常用的有 ABC 分类管理法、CVA 库存管理法、周转天数控制法、商品生命周期分析法等。企业应不断探索适合自己的分析方法，以期达到最佳的效果。同时，各种库存结构分析方法不是孤立的，可根据实际情况综合运用。

1. ABC 分类管理法

ABC 分类管理法是一种比较简单、实用的库存物料管理方法。ABC 分类管理法将库存物料按重要程度分为特别重要的库存（A 类）、一般重要的库存（B 类）和不重要的库存（C 类）三个等级，然后针对不同等级分别进行管理和控制。A 类物料种类少、金额高，存货过高会产生大量的资金积压，因此对于 A 类物料要非常严格地加以控制。B 类物料介于 A 类和 C 类之间，该类物料属于价值中等、品种数量也中等的物料，对其要进行适当的管理和控制，以保持其供应稳定和库存水平合理。C 类物料种类多、金额少，属于价值低、品种多的物料，对其要进行减少或清理，以避免库存积压或滞销。

（1）ABC 分类的实施过程

第一步，确认库存中每一种物料的年度使用量；第二步，将每一种物料的年度使用量和物料的成本相乘，计算每一种物料的年度使用金额；第三步，将所有物料的年度使用金额求和，得到全年度库存总金额；第四步，将每一种物料的年度使用金额分别除以全年度库存总金额，计算出每一种物料的总计年度使用百分比；第五步，根据年度使用百分比将物料由大到小排序；第六步，检查年度使用量分布，并根据年度使用百分比将物料加以 ABC 分类。

（2）ABC 分类实例

某仓库有 10 种物料，其年度使用量和年度使用金额如表 6-1 所示，试对其进行 ABC 分类分析。

表 6-1　　　　　　　　　　　　　物料的年度使用量和年度使用金额

物料编号	年度使用量（个）	年度使用金额（元）
01	1500	600
02	2800	63150
03	3000	700
04	2000	8400
05	1000	450
06	1200	33150
07	2000	1080
08	1500	4980
09	2500	10980
10	2500	1140
合计	20000	124630

将这 10 种物料按照年度使用金额进行排序并归类（见表 6-2），整理后的最终结果如表 6-3 所示。

表 6-2　　　　　　　　　　　　按照物料年度使用金额进行排序并归类

编号	年度使用金额（元）	累计总价值（元）	累计百分比（%）	年度使用量（个）	使用量占比（%）	级别
02	63150	63150	50.67	2800	14	A
06	33150	96300	77.27	1200	6	A
09	10980	107280	86.08	2500	12.5	B
04	8400	115680	92.82	2000	10	B
08	4980	120660	96.81	1500	7.5	B
10	1140	121800	97.73	2500	12.5	C
07	1080	122880	98.60	2000	10	C
03	700	123580	99.16	3000	15	C
01	600	124180	99.64	1500	7.5	C
05	450	124630	100.00	1000	5	C

表 6-3　　　　　　　　　　　　整理后的最终结果

级别	编号	使用量占比（%）	每级总价值（元）	总价值占比（%）
A	02、06	20	96300	77.27
B	09、04、08	30	24360	19.54
C	10、07、03、01、05	50	3970	3.19

需要说明的是，ABC 分类的结果可能并不唯一，因为其分类的目标是把重要的物品与不重要的物品分离开来。尽管年度使用量和年度使用金额是确定一个存货分类系统时最常用的两个评价指标，但是其他指标也同样可以用来对存货进行分类。针对不同企业的具体情况，不要求将存货局限分为三类。而且，对于物流企业经营的商品而言，分类情况并不揭示物品的获利能力。

2. CVA 库存管理法

CVA（Critical Value Analysis，CVA）库存管理法又称关键因素分析法。在 ABC 分类管理法中，C 类货物得不到足够的重视，往往因此导致停产。在实际工作中可以把两种方法结合起来，引进 CVA 库存管理法对 ABC 分类管理法进行有益的补充。CVA 库存管理法将货物分为最高优先级、较高优先级、中等优先级和较低优先级四个等级，对不同等级物资实施不同的管理策略。

3. 周转天数控制法

周转天数指从存货的购买到销售所用的天数。在零售与批发商业企业中，它常被称作库存周期，通常天数越少越好。这是与库存周转率密切相关的概念，周转率越高越好。

$$周转天数 = 期末库存金额 \div 本期销售金额 \times 本期销售天数$$
$$周转天数 = 期末库存金额 \div 本期平均日销量$$

周转天数大幅度增加表明企业可能存在大量未销售的成品，或企业的产品组合中生产周期较长的产品变得更多。合理的周转天数随着不同的项目特点有着不同的标准，同一项目的合理周转天数在不同的时期也不是固定值，而是变化的、相对的。例如，由原来的近途进货，改为远途进货或源头进货会加大备货周期，库存增加，周转天数自然增加。

4. 商品生命周期分析法

商品生命周期是产品的市场寿命，即一种新产品从开始进入市场到被市场淘汰的整个过程，一般分为四个阶段：试销期、成长期、成熟期、衰退期。商品生命周期分为两种：一种是商品本身的生命周期，指某个品牌或项目的生命周期，这个过程一般比较长，需要企业深入了解、研究品牌的背景、发展历程及行业的发展趋势，来发现其规律；另一种是季节性的，随季节和天气的变化，商品不断发生变化，该类商品在一年中通常只出现一次或几次，需要企业不断总结和把握其规律。

针对不同生命周期阶段，库存管理应遵循不同原则。在试销期通常遵循的原则是多款少量；成长期通常遵循的原则是逐步加款加量；成熟期的前期款式丰富，可组织大量货源，而后期应有计划地压缩款式，将货量集中在主款上；在衰退期，应有步骤地缩款缩量，逐步淘汰旧商品，与此同时，着力开发有市场潜力的新商品。

（二）流程管理

流程管理是一种以规范化地构造端到端的卓越业务流程为中心，以持续提高企业的业务绩效为目的的系统化方法。流程管理的核心是流程，流程是企业运作的基础，企业所有的业务都需要流程来驱动，流程把相关的信息数据根据一定的条件从一个人（或部门），输送到其他人员（或部门），得到相应的结果以后再返回到相关的人（或部门）。企业流程运作过程中伴随着物流、信息流和资金流的流转，如果流转不畅，企业的整体运作必将受到影响。从库存角度来看，企业各流程的运作状况会影响企业的库存水平。周转库存是企业为维持正常运营而准备的库存类型。企业的采购流程、生产流程及信息处理流程等的运作周期会直接影响周转库存的数量。例如，如果生产周期是 6 周，那么生产线上就必须保有足够支持 6 周生产的周转库存；同样，如果采购提前期是 3 周，企业需要预留 3 周的周转库存来确保生产或销售的连续性。此类库存的核心驱动因素在于周转周期。企业只有不断优化业务流程，缩短采购、生产、时间，加速信息流动速度，缩短周转周期，才能有效降低周转库存，达到企业库存控制的目的。

1. 优化采购流程与库存控制

采购是企业根据物料需求计划，向供应商发出采购信息，并安排和跟踪整个物流过程，确保物料按时到达企业，以支持企业正常运营的过程。在采购执行流程中，供应商的及时交货率及供应商交货的灵活度成为影响库存控制的关键要素。在某些企业中，采购提前期占到产品交货期一半以上，采购流程所占周期越长，企业整体库存水平越高。因此，缩短采购的流程周期对于降低库存至关重要。为缩短采购流程的周期，许多企业采取的办法是在供应商那里建立过程库存。通过合理设置过程库存，不但可以显著缩短采购流程的周期，而且可以降低供应链的整体库存水平，实现库存优化。

另外，在实施供应链管理的情况下，还可以利用供应商管理库存的方法，重组采购业务流程，达到缩短采购提前期的目的。比如，对于用量稳定、设计变更少的物料，企业可以通过供应商管理库存方式来让供应商在制造企业建立库存，维持一定的库存水平，同时按照预测来补货。虽然该方法给供应商增加了库存负担，但实际上减少了企业的加急生产需求，让供应商的生产流程更加平稳，从而降低了生产成本。这样，对采购方来说，如果需求计划准确且需求变化不大，供应商管理库存的方法可以实现采购提前期为零；对供应商来说，除了生产成本降低外，供应商一般会得到一定的业务量承诺，降低业务风险和不确定因素，从而也可以降低成本。

2. 优化生产流程与库存控制

生产流程又叫工艺流程或加工流程，是指在生产工艺中，从原材料投入至成品产出的整个连续加工的过程，它涵盖了产品从原材料到成品制作过程中各要素的有序组合。在生产流程中，成品与半成品的周转库存量是整体库存控制的关键所在。如前所述，周转库存与周转周期密切相关，因此，生产流程控制中，有效缩短产品的生产、安装和调试周期，对降低库存水平至关重要。

3. 优化信息处理流程与库存控制

在企业运营流程中，物流仅占整个周转周期的一部分，大部分的周转周期由信息流主导。供应链越复杂，流程越复杂。需求信息从最终客户传递至最末端的供应商所需要的时间可能长达数周，这无疑增加了周转周期。从客户的角度来看，整个流程虽不直接增加价值，但由于涉及组织、信息系统等多重因素，任何环节的变动都可能影响全局。因此，提高信息处理流程的效率成为缩短周转周期、优化库存控制的关键。

层层审批作为流程中的重要环节，虽然能通过管理者的经验弥补系统知识的不足，有助于企业做出更明智的决策，但是同时增加了流程的周转周期。为平衡审批的必要性与效率，信息化建设成为提高信息处理流程效率的最佳解决方案之一。企业通过构建完备的信息系统，不仅能够将更多的知识和经验固化于系统中，便于相关人员快速获取并做出更佳决策，还能有效减少对个人经验的依赖，从而降低审批环节的重要性。随着信息化程度的提高和大数据技术的应用，信息处理流程得以加速。这一转变不仅提高了企业的运营效率，还进一步降低了库存水平，实现了库存控制的目的。

（三）库存量决策

库存数量的确定受前述诸多因素的影响，本部分探讨确定库存量的直接影响因素，主要包括需求计划、安全库存和订货量。需求预测失败、安全库存量过大及订货量不合理都会直接影响库存控制，带来不合理库存。

1. 需求计划

一般来说，生产部门依据生产进度持续产生物资需求。物资管理部门应在不增加额外库存、最小化资金占用的前提下，满足生产部门的物资需求。这样，既防止资源浪费，也不会因为缺少物资而导致生产流程中断。对于大多数企业来说，不论需求变化有多大，通常还是以重复业务为主，因此，需求历史中蕴含着丰富的信息，如主要客户群体、主要区域分布、需求的季节性波动或周期性变化等。通过深入挖掘这些数据，可以在一定程度上判断未来的需求。需求预测的准确性是库存控制的关键。

具体来说，制订科学的需求计划可参照以下流程。

（1）数据处理。在历史需求数据的基础上，运用统计模型导出需求预测数据，此为需求数据的定量分析环节。常用的定量分析方法包括简单平均法、移动平均法、加权平均法、指数平滑法等时间序列分析方法，以及线性规划法。

（2）调整需求预测数据。需求预测兼顾定量因素与定性因素。历史需求数据是需求预测的定量因素，市场、产品、品牌、高层管理、客户反馈等变量是需求预测的定性因素，二者有机结合才能产生精准的需求计划。需求计划的有效落地，离不开供应链的执行能力和财务资源的支持，比如库存规模设定、产能扩充规划、人员安排等。财务评估是需求计划的关键环节，如果需求计划超出公司财务承受范围，必须及时调整。同时，按需求计划生产出来的产品，销售部门要确保能够顺利实现销售。

（3）推动跨职能部门达成共识。结合历史需求数据和各职能部门的意见，形成最优的需求预测数据，以此驱动从营销端到供应商的全供应链协同运作。达成共识包含两个层面：在产品层面，需求计划经理须统筹协调销售计划、需求计划和供应计划；在产品线层面，销售副总则负责协调更高层级的销售计划、需求计划、供应计划和财务计划，并处理产品层面未能达成一致的问题。

2. 安全库存

设立安全库存的根源在于不确定性因素，而降低安全库存的关键在于有效控制这些不确定性因素。企业面临的不确定性因素主要集中于需求端和供应端。从需求端看，需求预测的准确性、及时性及实际需求的变动，都需要安全库存作为缓冲。从供应端看，供应商的按时交货率、产品质量稳定性等方面存在的不确定性，同样需要安全库存来保障供应连续性。此外，采购提前期也是关键影响因素，采购提前期越长，采购过程中的不确定性越高，所需的安全库存也就越多。

信息不对称是导致需求预测准确性差、信息传递滞后等问题的根源。例如，生产商计划引入新产品时，出于商业保密考量，不愿向供应商透露备料所需的材料号，因为供应商可能据此推测新产品类型。在此情形下，供应商将面临物料短缺或库存积压的风险。通常，为规避短缺风险，供应商只能选择增加安全库存。由此可见，信息不对称与不确定性因素最终都会转化为安全库存，而安全库存的增加会推高成本，这些成本最终会转嫁给客户，进而削弱企业在市场中的竞争力。

企业内部职能部门同样存在信息不对称问题。从销售、计划，到生产、采购，各职能部门的需求预测结果往往存在差异，且出于部门利益考虑，各职能部门之间存在博弈心理，致使不愿意或不能够共享信息。这种状况加剧了不确定性，不仅造成部门库存增加，还可能使企业整体出现库存积压现象。

若要减少安全库存，首先应解决信息不对称造成的不确定性。一方面，可以通过合约约束、绩效考核等机制，推动供应链企业间的信息共享；另一方面，加强企业内部各部门之间的协作，建立跨职能协同预测机制。此外，还可依托信息系统等技术手段，提升信息共享的便捷性与有效性，从而减少因不确定性因素导致的安全库存冗余。

3. 订货量

物资的长期搁置不仅会占用大量流动资金，还会导致自身价值贬损。正常情况下，合理确定企业的库存量是仓储管理重点关注的问题。一般来说，在满足生产物资需求的前提下，库存量越少越理想。减少库存量最直接的方式便是确定合理的订货量，确保企业在达到一定服务水平的同时，选择最优订货批量。订货量决策主要包括独立需求库存控制和非独立需求库存控制两种类型。其中，独立需求库存控制可以采用定量订货法、定期订货法和双堆法等；非独立需求库存控制则以物料需求计划模型（MRP）为代表，这是企业用于制订物料需求计划、进行生产管理的重要工具。MRP 不但可以生成企业的物料投产计划，还可以用于制订外购件采购计划。按照制订的计划执行，既可以保证产品在装配时不出现缺货，保障企业生产的连续性，又能将采购产品的库存量控制在合理水平，避免库存积压或缺货情况的发生。

三、库存牛鞭效应的危害

无论采用何种库存控制方法，都要求企业准确掌握库存需求信息，进而合理确定库存量。但在供应链运营过程中，"牛鞭效应"会导致需求信息扭曲变异，使企业难以做出准确的需求判断。

牛鞭效应是经济学中的术语，也被称作长鞭效应，指的是在供应链上的一种需求变异放大现象，需求信息从最终客户向最初供应商传递时，不断扭曲并逐级放大，致使需求信息的波动幅度越来越大。

牛鞭效应不仅可能造成大量库存积压，还会导致生产计划频繁波动、交货周期不稳定等问题。具体而言，牛鞭效应造成的危害主要有以下几点。

（一）生产计划失效

在需求信息变异放大的过程中，供应链上游企业接收的需求信号与实际市场需求严重脱节，导致既定生产计划难以适配真实需求，生产节奏陷入无序状态。

（二）库存无效积压

市场需求剧烈波动时，需求信息在供应链逐级传递中存在滞后性，尤其对上游供应商而言，难以快速响应并调整库存，进而造成无效库存堆积，降低资金周转效率。

（三）欠缺整体考虑

供应链上游企业的生产很大程度上取决于下游企业提供的需求信息，当需求信息处于持续变异时，供应链各节点企业会放弃对供应链的整体考虑，转而从自身利益出发，单纯追求局部最优。

（四）短期行为局限

牛鞭效应引发的需求信息不可靠，会加剧供应链各企业间的信任危机，阻碍企业间长期、稳定合作关系的建立。企业倾向于短期逐利行为，这将影响供应链的稳定和发展。

四、库存控制模型或策略

（一）经济订货批量模型

经济订货批量（Economic Order Quantity，EOQ）模型是经典的库存管理模型，用于确定最优订货批量，使与库存相关的总成本（包括订货成本和持有成本）达到最小化。经济订货批量模型的假设前提为：不存在价格折扣，总需求量固定，需求消耗速率稳定，订货提前期与订货量均为固定值，且整批订货一次性到库。

订货量的决策需要对以下两点进行权衡：①持有少量库存，但订货频率高；②持有大量库存，但订货频率低。第一种选择会导致高的订货成本，第二种选择会导致高的库存持有成本。为了在这两个相互矛盾的选择中找到最优解，我们引进一个最优化模型，该模型将库存持有成本（库存费用）、订货成本（订货费用）和购买成本（购货费用）综合表示为一个总成本。需要说明的是，在有些教材中，总成本的构成不包括购买成本，即单价乘以总需求量。原因是该购买成本是一个确定的数值，在图形中表示为一条水平线，对求解最优化问题没有影响。因此，在批量求解过程中只考虑对最优解有直接关系的持有成本和订货成本。但是，在计算总成本和在价格折扣等其他模型中，是需要考虑购买成本或者缺货成本的。订货量/成本关系如图6-1所示。

持有成本是指维持一定库存水平所产生的相关成本，其大小取决于库存量。在经济订货批量模型中，通常假定持有成本是库存量的线性函数。持有成本包括资金成本、搬运费、折旧费、储存设施成本等。这里的资金成本是企业贷款投资时需要支付的利息，或是企业使用自有资金投资所产生的机会成本。资金成本通常用投资总量的一个百分率来表示。

订货成本是为完成订货活动而发生的成本。该成本被视为与订货量无关的固定成本，包括差旅、餐饮、通信、订单跟踪等方面的支出。

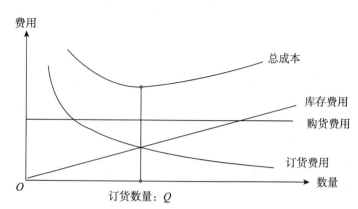

图6-1　订货量/成本关系

在运用 EOQ 模型时，持有成本、订货成本及总的需求量需要事先知道或能够求出。我们定义 Q 为订货量，此时最优订货决策问题可转化为求解持有成本与订货成本之和关于订货量 Q 的最小值问题。

年持有成本＝平均库存×单位库存的年持有成本，即年总持有成本 $=\dfrac{1}{2}QC_h$。其中，$C_h=IC$，I 为单位产品年持有成本率，C 为库存产品的单位成本，C_h 为单位库存的年持有成本。

年订货成本＝订货次数×单次订货成本，即年订货成本 $=\left(\dfrac{D}{Q}\right)C_o$。其中，$D$ 为产品的年需求量，Q 为订货量，D/Q 为年订货次数，C_o 是单次订货成本。

用 TC 表示年度总成本，则年度总成本＝年持有成本＋年订货成本＋购买成本，即 $TC=(Q/2)\,C_h+(D/Q)\,C_o+PD$。此式中，$C_h$，$C_o$，$D$，$P$ 均为已知数据，P 为单价，Q 为未知变量。为求解 TC 的最小值，用 TC 关于 Q 求微分，使年总成本最小的 Q^* 的值可由下式计算：

$$Q^*=\sqrt{\frac{2DC_o}{C_h}}$$

我们称该式为经济订货批量模型，即 $EOQ=\sqrt{\dfrac{2DC_o}{C_h}}$。

在确定最优订货批量后，我们还需要明确订货时间（即订货点）。为此，需要引入库存量和订货提前期的概念。库存量指现有库存量与已订购但未到货的货物量之和。订货提前期是指从发出指令订货到该批货物送达仓库的时间间隔。以 A 公司为例，若其每年运营 250 天，若每年的需求量为 10000 件，则日均需求量为 40 件。如果 A 公司从发出订单到货物入库需要 2 天，则这 2 天即为订货提前期，该时段内的需求量为

40×2＝80（件）。对于需求率恒定且提前期固定的库存系统，订货点数值等于提前期内的总需求量。订货点的通用计算公式为：$R＝d×m$，其中，R 代表订货点，d 为日均需求量，m 为订货提前期。

如果已知订货频率，相邻两次订货的时间间隔称为订货周期。订货周期 T 的计算公式为：$T＝$ 年工作日天数 $÷（D/Q）$，其中，D 为年需求量，Q 为经济订货批量。

【例1】 某公司以 10 元/件每年购入某产品 8000 件。每次订货费用为 30 元，资金年利息率为 12%，单位库存费用按库存货物价值的 18% 计算。若每次订货的提前期为 2 周（一年按 52 周计），试求经济订货批量、最低年总成本、年订购次数和订货点。

解：单位产品年持有成本率 $I＝12%＋18%＝30%$，单位库存的年持有成本 $C_h＝10×30%＝3$（元/件·年）。$C_o＝30$ 元，$D＝8000$ 件，$m＝2$ 周。

$$EOQ＝\sqrt{（2DC_o）/C_h}＝\sqrt{（2×8000×30）÷3}＝400（件）；$$

年最低总成本＝订货成本＋保管成本＝$8000÷400×30＋400÷2×3＋10×8000＝81200$（元）；

订货次数＝$D/EOQ＝8000÷400＝20$（次）；

订货点＝$8000÷52×2≈308$（件）。

【例2】 某制造公司根据计划每年需采购甲零件 30000 个，甲零件的购买价格是 20 元/个，每次订购的成本是 240 元，每个零件的仓储保管成本为 10 元，订货提前期为 5 天，求甲零件的经济订货批量、最低年库存总成本及每年的订货次数。

解：$EOQ＝\sqrt{（2DC_o）/C_h}＝\sqrt{（2×30000×240）÷10}＝1200$（个）；

最低年库存总成本＝订货成本＋持有成本＋购买成本＝$30000÷1200×240＋1200×\dfrac{1}{2}×10＋20×30000＝612000$（元）；

订货次数＝$D/EOQ＝30000÷1200＝25$（次）。

经济订货批量模型的应用条件包括需求稳定、恒定的订货成本和持有成本，以及不存在批量折扣或价格变动等情况。这些条件确保了模型的简化和易于应用。然而，实际应用中，需求的不确定性波动、成本的动态变化及供应商所提供的折扣政策等因素，可能会限制经济订货批量模型的直接应用。

尽管如此，经济订货批量模型依然为企业提供了强有力的工具支撑，以优化库存水平和降低成本。尽管其存在一些前提假设和应用局限，但通过适当的调整和完善，该模型仍然可以为现代企业的库存管理提供有价值的指导。

（二）经济生产批量模型

经济生产批量（Economic Production Quantity，EPQ）模型是用于确定最优生产批量的经典库存管理模型，它综合考虑生产准备成本、库存持有成本以及生产速率和需求速率的差异。EPQ 模型的优点在于，能够在生产节奏和市场需求不匹配的场景下，为企业提供科学的库存决策依据，帮助企业在生产效率和库存成本之间找到最佳平衡点。

1. EPQ 模型的优点

（1）成本最小化：EPQ 模型通过量化分析生产准备成本和库存持有成本之间的关系，帮助企业确定最优生产批量，从而实现库存管理总成本的最小化。

（2）库存管理优化：模型提供了一种方法来计算在不同生产速率和需求速率下的最大库存水平，帮助企业更有效地管理库存。

（3）生产计划制订：EPQ 模型为企业制订合理的生产计划提供了数据支撑和决策参考。通过 EPQ 模型，企业可以科学规划生产批次和时间，在满足市场需求的同时避免过度生产。

2. EPQ 模型的使用条件

（1）需求稳定：模型假定需求量相对恒定，若需求波动较大，则需对模型参数进行相应调整。

（2）生产速率和需求速率存在差异：模型适用于生产速率和需求速率不相等的场景，通过量化两者差异来优化生产批量。

（3）成本要素显著：当生产准备成本和库存持有成本对企业运营成本影响较大时，EPQ 模型可用于优化这两类成本，实现总成本最小化。

（4）默认无缺货情况：EPQ 模型基于不允许缺货的假设构建，如需考虑缺货场景，需对模型进行扩展和修正，以满足企业多样化的库存管理需求。

在 EOQ 模型中，主要是确定订货量与订货时间，EPQ 模型与 EOQ 模型相似。然而，与 EOQ 模型不同的是，EPQ 模型假设所订货物是在数天或数周内以一个固定供货率补充（或持续到货补充），而非像 EOQ 模型那样一次性按照订单数量 Q^* 来补充货物。这里的固定供货率是指在每段相等的时期内供货数量相同。这种模型是针对以下生产条件设计的：一旦发出订单，生产随即开始，并且在生产周期内，仓库每天都会增加相同数量的货物，直到生产周期结束。

在建立经济生产批量模型时，须根据生产批量写出持有成本表达式。对于经济生产批量模型，生产阶段内的库存积累率是固定不变的，非生产阶段内的库存消耗率同样是固定不变的。

为了解释最大库存量的计算，令 d 为日需求量，p 为日生产量，t 为一个生产周期的天数。

假定 $p>d$，在生产阶段内每天的库存累计量为 $p-d$。生产 t 天，并且库存每天积累 $p-d$ 单位，则在生产阶段结束时，库存量将为 $(p-d)\,t$。生产阶段结束时的库存量就是最大库存量。此时，最大库存量为 $(p-d)\,t$。

如果我们已知日生产量为 p，生产批量为 Q，那么 $Q=pt$，生产阶段的生产时间为：

$$t=\frac{Q}{p}$$

因此，最大库存量为：

$$(p-d)\ t=\ (p-d)\ \left(\frac{Q}{p}\right)=\left(1-\frac{d}{p}\right)Q$$

同样，可得平均库存量为 $\frac{1}{2}\left(1-\frac{d}{p}\right)Q$。

在单位年持有成本为 C_h 的情况下，总的年持有成本计算公式如下：

$$年持有成本=平均库存量×单位年持有成本=\frac{1}{2}\left(1-\frac{d}{p}\right)QC_h$$

如果产品的年需求量为 D，一个生产周期的启动成本（准备成本）为 C_o，那么年准备成本（相等于 EOQ 模型中的订货成本）计算公式如下：

$$年准备成本=年生产循环次数×一个生产周期的启动成本=\frac{D}{Q}C_o$$

因此，年度总成本（ TC ）模型为：

$$TC=\frac{1}{2}\left(1-\frac{d}{p}\right)QC_h+\frac{D}{Q}C_o$$

设某生产设备每年运行 250 天，那么，我们可以用年需求量 D 来表示日需求量 d，用 P 来表示产品的年生产量，并且假设每天都生产该产品，p 为日生产量，那么：

$$\frac{d}{p}=\frac{D/250}{P/250}=\frac{D}{P}$$

（注：不管生产运作天数为多少，比率 $d/p=D/P$ 都成立。）

因此，我们也可以写出年度总成本模型：

$$TC=\frac{1}{2}\left(1-\frac{D}{P}\right)QC_h+\frac{D}{Q}C_o$$

在给定了单位年持有成本（ C_h ）、一个生产周期的准备成本（ C_o ）、年需求量（ D ）及年生产量（ P ）的情况下，我们可以使用 Q^* 的成本最小化公式：

$$Q^*=\sqrt{\frac{2DC_o}{(1-d/p)\ C_h}}=\sqrt{\frac{2DC_o}{(1-D/P)\ C_h}}$$

【例 3】 据预测，市场每年对某公司产品的需求量为 20000 台，一年按 250 个工作日来计算。公司生产率为每天生产 100 台，生产提前期（ LT ）为 4 天。单位产品的生产成本为 50 元，单位产品的年持有成本为 10 元，每次生产的生产准备费用为 20 元。试求经济生产批量、年生产次数和再生产点。

解：$d=D/N=20000/250=80$（台/日），$p=100$ 台，$D=20000$ 台，$C_o=20$ 元，$C_h=10$ 元，$LT=4$ 天；

$$EPQ=\sqrt{(2×20000×20)\ /\left[10×\ (1-80/100)\right]}\approx632\ （台）；$$

年生产次数 $n=D/EPQ=20000/632\approx32$（次）；

再生产点 $=d\cdot LT=80×4=320$（台）。

（三）价格折扣模型

经济订货批量（EOQ）模型和经济生产批量（EPQ）模型均未考虑价格折扣因素。在实际商业活动中，企业为刺激市场需求、促使买家增加采购量，常设置价格折扣机制，即当买家采购批量超过特定数值时，给予优惠价格。从生产商角度看，价格折扣具有积极意义。生产批量扩大可降低单位生产成本，增加销售量，进而扩大市场份额、提升利润。而对于买家而言，价格折扣是否有利需具体分析。虽然大量订购可减少全年订货次数，降低年订货费用，但会导致库存增加，使库存持有成本上升。因此，买家需借助价格折扣模型来判断是否接受价格折扣。价格折扣模型与EOQ模型的关键区别在于，其允许有价格折扣。

由于存在价格折扣，该模型的总费用曲线不连续，总成本最低点要么处于曲线斜率（一阶导数）为零的点（此点与EOQ模型一致），要么在曲线的中断点。

确定价格折扣模型最优订货批量的步骤：步骤1，将最低价格代入基本EOQ公式，求出最优订货批量 Q^*，若 Q^* 可行（即该点为总成本曲线一阶导数为零的点），则 Q^* 即为最优订货批量，流程结束。步骤2，取次低价格代入基本EOQ公式计算 Q^*。如果此时 Q^* 可行，计算订货量为 Q^* 时的总费用，并与所有大于 Q^* 的数量折扣点（总成本线的中断点）所对应总费用进行比较，选取总费用最小的点所对应的数量，即为最优订货批量，流程结束。若 Q^* 仍不可行，则取第三低价格，重复步骤2，直到找到可行的经济订货批量。总成本公式为：

$$TC = \frac{Q}{2}C_h + \frac{D}{Q}C_o + PD$$

式中，TC 为总成本，$\frac{Q}{2}C_h$ 为持有成本，$\frac{D}{Q}C_o$ 为订货成本，PD 为购买成本。

【例4】 产品A的年需求量为2000件，每次订货费为10元，每件产品的保管成本是价格的40%，不同订货量的价格如下：订货批量小于500件，售价为1元/件；订货批量为500~999件，售价为0.8元/件；订货批量大于等于1000件，售价为0.6元/件。试求最优订货批量。

解：首先求各阶段的经济订货批量（见表6-4）。

表6-4　　　　　　　　　　　各阶段的经济订货批量

价格（元/件）	C_h（元/件）	最优批量（件）	判断可行解
0.6	0.24	408	否，$Q<500$ 件，$P=1$ 元/件，EOQ公式价格为0.6元/件
0.8	0.32	353	否，$Q<500$ 件，$P=1$ 元/件，EOQ公式价格为0.8元/件
1	0.4	316	是，$Q<500$ 件，$P=1$ 元/件，EOQ公式价格为1元/件

根据年总成本公式 $TC = D \div Q \times C_o + \frac{1}{2} \times Q \times C_h + P \times D$，可得：

当订货量为316件时，$TC \approx 2126$ 元；

当订货量为500件时，$TC = 1720$ 元；

当订货量为1000件时，$TC = 1340$ 元；

所以，最优订货批量为1000件。

（四）报童模型参数

报童模型用于确定单周期最优库存水平，适用于需求不确定且无法补充库存的情况。该模型目标是最大化期望利润，即最大化销售收入与采购成本、库存成本和缺货成本之间的差额。

报童模型通过考虑需求的不确定性，助力决策者确定最优订货批量。模型中的关键参数包括零售价格（R）、单位采购成本（C）、残值（S）及需求（D）。其中，需求通常被视为随机变量，可以遵循正态分布、泊松分布等。模型的优点在于它简化了决策过程，使管理者能够根据实际数据做出更合理的库存决策。如果需求量大于订货量，就会失去潜在销售机会，导致机会损失和信誉损失，此即订货的欠储成本；如果需求量小于订货量，未售出的物品可能将以低于成本的价格出售，甚至还要额外支付处理费，这种因供过于求产生的费用称为超储成本。单位欠储成本和单位超储成本的计算公式分别为：

$$单位欠储成本（C_u）= 单位收入 - 单位成本$$
$$单位超储成本（C_o）= 单位成本 - 单位处理费$$

处理费可能是正值，如折价变卖；也可能是负值，比如须交处理费。

理想情况是订货量恰好等于需求量。为确定最优订货批量，需要考虑订货引发的各类费用。在单周期库存模型中，仅发出一次订货、产生一次订货费用，订货费视用为沉没成本。持货费用也被当作沉没成本，因为一次订货就始终存在该费用，且费用变化不大，不会影响决策。因此，该模型主要考虑超储成本和机会成本，在两类费用间寻求平衡。通常采用期望损失最小、期望收益最大模型来解决此类问题。

1. 期望损失最小模型

期望损失最小模型比较不同订货量下的期望损失，取期望损失最小者为最优订货批量。通过推导易得其模型公式为：$E(C(Q)) = \sum_{D<Q} C_o(Q - D)P(D) + \sum_{D>Q} C_u(D - Q)P(D)$。

式中，$E(C(Q))$ 为期望损失；Q 为订货量；D 为实际需求量；$P(D)$ 为需求为 D 时候的概率；C_u 和 C_o 分别表示单位欠储成本（机会成本）和单位超储成本，$C_u = R - C$，$C_o = C - S$。

【例5】 某商店春联的进价为 $C = 50$ 元/份，售价为 $R = 80$ 元/份。若在一个月内卖不出去，则只能按 $S = 30$ 元/份卖出，用期望损失最小法求该商店的最优订货批量。已知，按照过去的记录，新年期间某商店春联的需求分布概率如表6-5所示。

表 6-5 新年期间某商店春联的需求分布概率

需求量（D）	0	10	20	30	40	50
概率 P（D）	0.05	0.15	0.20	0.25	0.20	0.15

解：设商店应该买进春联数量为 Q。当实际需求量 $D<Q$ 时，将有一部分卖不出去，单位超储成本为 $C_o=C-S=50-30=20$（元/份）；当实际需求量 $D>Q$ 时，将有机会损失，单位欠储成本为 $C_u=R-C=80-50=30$（元/份）。

以订货量 30 份为例计算期望损失，当 $Q=30$ 份时，则期望损失为：

$E(C(Q))=30\times(40-30)\times0.2+30\times(50-30)\times0.15+20\times(30-0)\times0.05+20\times(30-10)\times0.15+20\times(30-20)\times0.2=280$（元）。

同理，计算实际需求量对应概率下的期望损失（见表 6-6），根据期望损失最小的原则，应选择订货量为 30 份，期望损失为 280 元。

表 6-6 不同订货量（春联）下的实际需求概率与期望损失情况

订货量 Q （份）	实际需求量 D						期望损失 （元）
	0 份	10 份	20 份	30 份	40 份	50 份	
	P（D=d）						
	0.05	0.15	0.20	0.25	0.20	0.15	
0	0	300	600	900	1200	1500	855
10	200	0	300	600	900	1200	580
20	400	200	0	300	600	900	380
30	600	400	200	0	300	600	280(*)
40	800	600	400	200	0	300	305
50	1000	800	600	400	200	0	430

2. 期望收益最大模型

期望收益最大模型比较不同订货量下的期望收益（利润），取期望收益最大者为最优订货批量。通过推导易得其模型公式为：

$$E(P(Q))=\sum_{D<Q}[C_uD-C_o(Q-D)]P(D)+\sum_{D\geq Q}C_uQP(D)$$

式中，$E(P(Q))$ 为期望收益；Q 为订货量；D 为实际需求量；$P(D)$ 为需求为 D 时的概率；C_u 和 C_o 分别表示单位欠储成本（机会成本）和单位超储成本，$C_u=R-C$，$C_o=C-S$。

【例6】 某批发商准备订购一批圣诞树供圣诞节期间销售。该批发商对包括订货费在内的每棵圣诞树需要支付 2 元，圣诞树的售价为 6 元/棵。未售出的圣诞树只能按 1 元/棵售出，节日期间，圣诞树需求量的概率分布如表 6-7 所示，试在期望收益最大模型下求该批发商的最优订货批量。

表 6-7 　　　　　　　　　　　　　圣诞树需求量的概率分布

需求量 (D)	10	20	30	40	50	60
概率 P (D)	0.10	0.10	0.20	0.35	0.15	0.10

解：可知 $C_u=6-2=4$（元/棵）；$C_o=2-1=1$（元/棵）。

以订货量 30 棵为例计算期望收益。当订货量 $Q=30$ 棵时，其期望收益为：

E (P (30))＝［4×10-1×（30-10）］×0.1+［4×20-1×（30-20）］×0.1+（4×30）×0.2+（4×30）×0.35+（4×30）×0.15+（4×30）×0.1＝105（元）。

当订货量为其他数值时，可用同样的方法计算期望收益。不同订货量（圣诞树）下的实际需求概率与期望收益情况如表 6-8 所示。

表 6-8 　　　　　　不同订货量（圣诞树）下的实际需求概率与期望收益情况

订货量（棵）	实际需求及概率分布						期望收益（元）
	10 棵	20 棵	30 棵	40 棵	50 棵	60 棵	
	0.1	0.1	0.2	0.35	0.15	0.1	
10	40	40	40	40	40	40	40
20	30	80	80	80	80	80	75
30	20	70	120	120	120	120	105
40	10	60	110	160	160	160	125
50	0	50	100	150	200	200	127.5
60	-10	40	90	140	190	240	122.5

根据收益最大化原则，最优订货批量为 50 棵，此时期望收益为 127.5 元。

（五）持续检查策略模型（考虑提前期）

持续检查策略模型是一种库存管理模型，它在提前期内对库存进行连续监控。该模型通常适用于需求相对稳定且补货连续的情况。在该模型中，库存检查是连续进行的，一旦库存水平下降到预定的订货点，就会触发新的订单来补充库存。订货点的计算通常考虑了提前期内的需求量和可能的供应不确定性。

这种模型的使用条件通常包括：需求率相对稳定，可以预测，以便能够计算出合理的再订货点。如果订货提前期已知，则企业可以计划在何时下订单以满足需求。尽管库存项目的周转速度相对较慢，但这样持续检查的成本是合理的。企业要具备实时监控库存水平并在必要时快速响应以补充库存的能力。

持续检查策略模型（考虑提前期）允许缺货并优化订货时机，这有助于企业在满足客户需求的同时，有效控制库存成本。这种模型特别适用于那些需求波动较大或提前期较长的库存项目。

考虑提前期的持续检查策略模型包括以下关键参数。

需求量（D）：在提前期内需要满足的预期需求量。

提前期（L）：从发出订单到收到货物的时间间隔。

订货点（R）：当库存水平下降到这一点时，需要发出新的订单。

订货量（Q）：每次订单的订购量，可以根据经济订货批量（EOQ）模型来确定。订货点受提前期、平均需求、需求变化程度、服务水平等因素的影响。

这种模型分为两种情况，需求确定或者需求随机，若需求确定且提前期不为 0，则订货点为 $R=LD$，经济订货批量为 $Q^*=\sqrt{\dfrac{2KD}{H}}$。

若需求是随机的，并满足正态分布，每次订货会产生一次固定成本 K，单位库存持有成本 H 为单位时间内单位库存量所需费用。在此情况下，库存水平处于实时检查状态，订货会在固定的提前期后到货。因此，库存管理者需要密切关注库存水平，一旦库存降至订货点，就得即刻下单，以避免缺货。同时，管理者还需要充分考虑提前期内需求的波动和供应的不确定性，以确定合适的订货点和订货量。

为计算再订货点和订货量，令 d 为平均日需求量，S 为日需求标准差，L 为提前期（天数），H 为单位库存持有成本，K 为订货成本，α 为服务水平，$1-\alpha$ 为缺货概率，z 为安全系数（见表 6-9）。

表 6-9　　　　　　　　　　　　安全系数

服务水平	90%	91%	92%	93%	94%	95%	96%	97%	98%	99%	100%
z	1.29	1.34	1.41	1.48	1.56	1.65	1.75	1.88	2.05	2.39	3.08

则订货点为：

$$R=Ld+zS\sqrt{L}$$

$$P\{\text{提前期需求}\geq Ld+zS\sqrt{L}\}=1-\alpha$$

订货量为：

$$Q=\sqrt{\dfrac{2Kd}{H}}$$

平均库存水平为：

$$\dfrac{Q}{2}+zS\sqrt{L}$$

【例 7】　某公司对办公用笔的平均日需求量为 100 支，并且其需求情况服从标准差为 10 支/天的正态分布，如果提前期固定为 6 天，客户服务水平不低于 90%，则安全库存量为多少？订货点为多少？（服务水平为 0.90，安全系数为 1.29）

解：根据安全库存$=z \times S \times \sqrt{L}$，$z=1.29$，$S=10$，$L=6$；

安全库存$=10 \times 1.29 \times \sqrt{6} \approx 32$（支）；

订货点$=100 \times 6 + 32 \approx 632$（支）。

（六）定期订货法

定期订货法即按预先确定的订货时间间隔进行订货补充的库存管理方法，是一种基于时间的库存管理方法，它通过设定固定的订货周期来补充库存。这种方法的优点在于能够简化库存管理流程，降低管理成本，并且可以减少库存积压和缺货的风险，提高库存周转率。

1. 定期订货法的优点

（1）简化管理：通过固定的订货周期，企业可以简化库存检查和订货流程，减少日常管理的工作量。

（2）适应性强：适用于需求相对稳定且可预测的商品，尤其是对于那些品种数量大、占用资金少的 B 类、C 类商品。

（3）成本效益：有助于企业更好地控制库存成本，通过定期检查库存和订货，可以避免过量库存和频繁订货带来的额外成本。

（4）灵活性：企业可以根据自己的生产计划和销售周期灵活设定订货周期，以适应不同的业务需求。

定期订货法能够实现合并出货，进而有效降低订货费用；定期订货法采用周期盘点，周期盘点比较彻底、准确，避免了定量订货法每天盘点的做法，有效减少了盘点工作量，从而降低了管理成本；库存管理计划性强，有利于工作的安排。但是，由于订货间隔期较长，需要设置较高的安全库存量来保证库存需求；每次的订货量不固定，无法制定出经济订货批量。定期订货法适合重要性低或库存金额小的大量库存品种的库存管理。

2. 使用定期订货法的条件

（1）需求稳定性：商品的需求应是相对稳定的，以便可以准确预测在订货周期内的需求量。

（2）订货周期的确定：需要根据商品的销售速度、库存周转率和供应商的供货周期来确定合适的订货周期。

（3）目标库存水平的设定：企业需要设定一个合理的目标库存水平，以确保在订货周期内满足需求并保持适当的库存量。

（4）供应商的可靠性：供应商应该能够提供稳定的供货服务，以确保在订货周期内及时补充库存。

定期订货法按照预先确定的订货周期检查库存，发出订货，它与持续检查方式不同。定期订货法适用于品种数量大、占库存价值少的 B 类和 C 类库存。

定期订货法的计算涉及两个关键参数：订货周期（T）和目标库存水平（Q_o）。订货周期可以根据生产计划的周期时间来确定，常取月或季度作为库存检查周期。目标库存水平则是订货周期加上提前期时间内的需求量，包括订货周期加提前期内的平均需求量和保险储备量。

为求目标库存水平，令 T 为订货周期，L 为订货提前期，D 为平均需求量，Z 为服务水平对应的正态分布 Z 值，σ_D 为订货周期加上提前期内需求的标准差。

则目标库存水平的计算公式为：

$$Q_0 = (T+L)D + Z\sigma_D$$

每次检查库存后提出的订购批量可以通过以下公式计算：

$$Q = Q_0 - Q_t$$

式中，Q_t 是第 t 次检查时的实有库存量。

总之，定期订货法是一种有效的库存管理工具，尤其适用于那些需求稳定、品种繁多的商品。通过合理设置订货周期和目标库存水平，企业可以实现库存成本的优化和运营效率的提升。

（七）定量订货法

定量订货法指当库存量下降到预定的最低库存量（订货点）时，按规定数量（经济订购批量）进行订货补充的一种库存控制方法。定量订货法又称为连续库存检查系统或固定订货量系统，是一种在库存管理领域广泛应用的策略。它的核心是设定固定的订货点和订货量，当库存水平降至订货点时，按照预定的订货量补货。这种方法适用于需求相对稳定、提前期可预测的情况，能够帮助企业在满足客户需求的同时，有效控制库存成本。

在实施定量订货法时，首先，需要确定订货点，这通常是基于平均日需求量和提前期来计算的。订货点确保了在提前期内能够满足客户需求，避免缺货。其次，企业需要确定合适的订货量，这通常是基于经济订货批量模型来计算的，该模型考虑了订货成本和持有成本，以找到最小化总成本的订货量。这些参数的确定依赖于稳定的需求和提前期，以准确计算订货点，确保库存管理有效。

为了有效运用定量订货法，企业必须有能力进行连续的库存监控。这意味着企业需要实时跟踪库存水平，并在库存降至订货点时及时下单。这要求企业拥有有效的库存管理系统，能够提供准确的库存数据，并及时触发订货流程。

定量订货法的模型示意如图 6-2 所示：

订货量通常是基于经济订货批量来确定，为计算订货量以及订货点，令：

d = 平均日需求量；

L = 订货提前期，即从下单到货物到达的时间；

D = 年需求量；

S = 每次订货的成本；

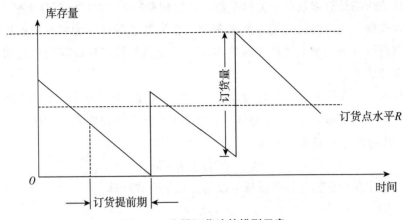

图6-2 定量订货法的模型示意

H = 每单位商品的年持有成本。

订货点为：

$$R = d \cdot L$$

订货量为：

$$EOQ = \sqrt{\frac{2DS}{H}}$$

定量订货法的优点在于它简化了库存管理流程。通过设定固定的订货点和订货量，企业可以减少日常管理的工作量，降低了决策的复杂性。这种方法有助于减少库存成本，因为它通过精确控制订货点和订货量，避免了过多库存的持有。此外，定量订货法提高了企业对市场变化的响应速度。一旦库存达到订货点，企业可以迅速采取行动，及时补充库存，从而确保客户的需求得到满足。当订货点和订货量一经确定，实际操作就很简单；可以充分发挥经济订货批量的作用，降低库存成本，节约运费，提高经济效益。但是运用定量订货法需要随时掌握库存动态，不具有灵活性；订货时间不能事先确定，对于人员、资金、时间计划不利；受单一订货限制，不便实行多品种联合订货。因此，定量订货法适合重要性高或者库存金额大的少量库存品种的库存管理。

尽管定量订货法假设需求是稳定的，但它在一定程度上也适用于需求波动的情况。通过调整订货点和订货量，企业可以适应一定程度的需求变化，保持库存管理的灵活性。此外，定量订货法易于实施，对于许多企业来说，它比复杂的库存管理系统更容易实施和维护。这种方法特别适合于那些对库存成本控制有较高要求的企业，能够帮助它们更好地控制库存水平，优化库存投资。

总之，定量订货法是一种有效的库存管理工具，它通过固定的订货点和订货量，帮助企业在保持服务水平的同时，降低库存成本。这种方法适用于需求相对稳定、提前期可预测的企业，并且可以通过连续的库存监控和定期的库存检查来实现有效的库存控制。通过运用定量订货法，企业可以提高库存管理的效率和响应市场变化的能力，从而在激烈的市场竞争中保持优势。

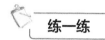
本章小结

本章首先介绍了库存的概念和分类，强调了在智慧仓储领域中库存的重要性，介绍了库存管理分类及模式，重点分析了库存控制的分析方法和常见的库存控制模型。

练一练

1. 某企业 A 商品的每月进货量为 200 件，单位商品每月平均持有成本为 0.8 元，订货费用平均每次为 20 元。求经济订货批量与总库存成本。

2. 一家公司有以下五种物料的年需求量和单位成本数据，请使用 ABC 分类法对这些物料进行分类，并说明每种类别的管理策略。

物料 A：年需求量 100 个，单位成本 500 元。

物料 B：年需求量 500 个，单位成本 100 元。

物料 C：年需求量 1000 个，单位成本 50 元。

物料 D：年需求量 2000 个，单位成本 20 元。

物料 E：年需求量 5000 个，单位成本 10 元。

3. 一家公司使用定期订货法管理库存，订货周期为每月一次。在过去的一年中，该公司平均每月消耗 500 个单位的某产品，每次订货成本为 200 元，每个单位的年持有成本为 5 元。请计算该公司的理想订货量。

4. 某公司每年要购入 1200 台某产品。供应商的订货条件是：订货批量大于等于 75 台时，单价为 32.5 元/台；订货量小于 75 台时，单价为 35 元/台。每次的订货费用为 8 元；单位产品的年库存维持费用为单价的 12%，试求最优订货批量。

5. 某汽车零部件厂为汽车售后市场提供配件，其中后保险杠的年需求量为 10000 个，每年按 250 个工作日计算。该厂的日产量为 80 个，另外该厂每次的换产费用为 100 元，每个保险杠每年的库存费用是 4 元，试确定经济生产批量。

第七章　智慧仓储的安全管理

学习目标

- 了解仓库安全管理的概念和任务。
- 掌握仓库安全管理的内容和关键点。
- 熟悉智慧仓储系统的安全管理。
- 熟悉安全管理中的智能技术。
- 培养自我管理意识、责任意识和人本管理意识。
- 培养爱国思想和社会责任感，增强安全意识。

导入案例

仓库的消防安全问题不容忽视

2023 年 12 月 30 日 19 时 47 分许，山东省青岛市一保税仓库起火，现场火势较大。据悉，这是一家近 6000 平方米的仓库，主要货种包括棉花、塑料和标胶。这些物品都是易燃易爆的，一旦着火，就会形成高温高压的火球，对周围的建筑和人员造成巨大的威胁。而且，由于仓库内部通风不良，火势很难被控制，消防员需要冒着极大的危险进入火场进行灭火。据了解，这场大火持续了 15 个小时，16 个消防支队、25 部消防车、数百名消防员轮番上阵，与火魔搏斗。经过一夜奋战，截至 2023 年 12 月 31 日上午，明火已基本扑灭，现场只剩下余烟和余火，消防员仍在进行清理和排查工作。据初步统计，这场大火造成了仓库内部的大部分物资被烧毁，仓库外墙也被严重损坏，但幸运的是，没有造成任何人员的伤亡和周边建筑的损失。

虽然这场大火没有造成人员伤亡，但是它也给我们敲响了一个警钟：仓库的消防安全问题不容忽视。据悉，这家仓库当年因消防安全问题被罚款两次。而且，这并不是青岛保税区第一次发生橡胶仓库起火事件，早在 2013 年和 2021 年，保税区就曾发生过两起类似的火灾。

这些火灾都暴露了仓库的消防安全管理存在漏洞，比如仓库内部的防火隔断不足，仓库外部的消防通道不畅，仓库的消防设施不完善，仓库的消防培训不到位等。这些问题都可能导致火灾的发生和扩大，给消防救援带来困难，给人民的生命财产带来危害。

讨论：如何减少仓库安全事故的发生？

第一节　仓库安全管理的概念、任务和目标

一、仓库安全管理的概念

智慧仓储中的仓库安全管理，是依托现代信息技术和智能化手段，全方位保障仓库内人员、货物和环境等安全的系统性工程。随着物流行业的发展，仓库管理的复杂性不断增加，安全管理面临诸多挑战。智慧仓储通过引入物联网、大数据分析、人工智能等技术，能够实时监控仓库环境、自动识别潜在风险和即时预警。

在智慧仓储中，仓库安全管理包括多个方面。首先，在人员安全管理层面，借助视频监控、智能门禁系统等技术，确保只有授权人员能够进入关键区域。其次，在货物安全管理层面，通过条码和 RFID 技术，实现对库存的实时追踪，减少失窃和错误发货的风险。再次，环境安全管理同样至关重要。环境监测系统能够实时监测温湿度、气体泄漏等指标，确保储存环境符合安全标准。最后，智能分析工具可以通过对历史安全数据的分析，识别安全隐患并优化安全管理流程，提高应急响应能力。整体而言，智慧仓储中的仓库安全管理不仅提升了仓库的安全性，还提高了运营效率，为企业降低了潜在损失和风险。通过科技手段，企业能够在激烈的市场竞争中保持优势，保障供应链的稳定与安全。

二、智慧仓储中仓库安全管理的任务和目标

（一）智慧仓储中仓库安全管理的任务

智慧仓储中仓库安全管理的基本任务涵盖了多个重要方面，旨在确保仓库内人员、货物和环境等的安全，提升整体运营效率。

1. 人员安全管理

为了维护仓库的安全，首先须确保进入仓库的人员经过严格的身份验证。可以采用智能门禁系统，结合生物识别技术（如指纹识别、面部识别等），控制人员出入权限。此外，仓库内应布置监控摄像头，进行 24 小时不间断的监控，及时发现和处理可疑行为，从而有效防止未经授权的人员进入关键区域。

2. 货物安全管理

货物的安全是仓库管理的核心。通过条码和 RFID 技术，对库存进行实时跟踪，可

以有效减少货物丢失、损坏和错误发货的情况。利用智能库存管理系统，管理人员能够实时掌握库存状态，及时进行补货和盘点，确保库存数据的准确性和完整性。此外，合理规划货物的存放位置，减少搬运频率，也能降低货物损坏风险。

3. 环境监测

仓库内的环境条件对货物安全至关重要。通过安装温湿度传感器、气体泄漏检测器等设备，可以实时监控仓库的环境指标，确保其符合储存要求。例如，对于易腐烂的商品，须保持适宜的温度和湿度；对于化学品，则须确保通风良好并监测有害气体的浓度。一旦发现异常，系统能够及时发出警报，保障货物的安全。

4. 火灾安全管理

火灾是仓库安全管理中的重大隐患。因此，必须安装火灾报警系统和喷淋系统，并确保其功能正常。同时，定期进行消防演练，提高员工对火灾的应急反应能力，确保他们能够熟练掌握灭火器的使用方法和疏散路线。此外，定期检查电气设备和线路，避免因短路或过载引发火灾。

5. 设备安全管理

仓库内的自动化设备等是提升效率的重要工具，但它们也可能成为安全隐患。因此，须对这些设备进行定期维护和检查，确保其正常运行。例如，定期润滑机械部件、检查电气连接、更新老化的部件等，以避免设备故障导致的安全事故。

6. 应急预案制定

针对各种可能的突发事件（如火灾、盗窃、自然灾害等），制定详细的应急预案至关重要。预案中应明确应对流程、责任分工和疏散路线等，仓库应定期组织演练，使员工熟悉应急操作，提升反应能力，确保在危机发生时能够迅速而有效地应对。

7. 安全培训与教育

定期对员工进行安全培训和教育是保障仓库安全管理的重要环节。通过开展安全知识讲座、实操训练和案例分析，提高员工的安全意识和操作技能，确保每位员工都能严格遵守安全规范和操作流程，形成良好的安全文化。

通过对以上安全管理任务的有效落实，不仅能有效提升仓库的安全管理水平，还能在激烈的市场竞争中保障企业的稳定运营，降低潜在的损失和风险，为企业的长远发展提供坚实的保障。

（二）智慧仓储中仓库安全管理的目标

智慧仓储中仓库安全管理的目标涵盖多个方面，旨在实现安全、高效的物流运营。

1. 保护人员安全

仓库安全管理的首要目标是确保仓库内所有员工的安全与健康。这不仅包括制定和执行严格的安全规章制度，还需要通过定期的安全培训和演练提高员工的安全意识。例如，员工应接受关于使用机械设备、搬运货物和应对紧急情况的培训，以减少事故的发生。建立事故报告机制，鼓励员工及时报告安全隐患，这有助于及早发现并解决问题。

2. 保障货物安全

在智慧仓储环境中，货物的安全至关重要。利用先进的视频监控和 RFID 追踪技术等，可以实时监控仓库内的货物状态，确保每一件物品的安全和完整。通过精确的库存管理，能够有效降低货物损坏、丢失和被盗的风险。此外，合理规划货物的存放位置，减少搬运频率，也能显著降低货物损坏的可能性。

3. 提高运营效率

仓库安全管理的有效实施直接关系到仓库运营的效率。通过优化安全流程，如引入智能化管理系统，可以减少因安全问题导致的停工和延误。确保安全管理措施与日常运营相结合，使员工能够在安全的环境中顺利完成各项作业，从而提升整体生产力。

4. 降低风险与损失

识别和评估潜在的安全风险是仓库安全管理的重要组成部分。通过建立全面的风险管理体系，能够提前制定相应的预防措施，降低各类安全事故的发生概率。此外，定期进行安全审计和评估，有助于发现隐患并及时整改，确保仓库运营的安全性，减少经济损失。

5. 合规与标准化

确保仓库的安全管理符合国家和行业相关法规标准，是维护企业信誉和确保企业持续发展的重要保障。建立标准化的安全管理流程和操作规程，不仅能提升管理效率，还能确保员工在操作中的一致性和规范性。因此，企业要定期更新和完善安全管理手册，确保其与时俱进，反映最新的法律法规和行业标准。

6. 应急响应能力

面对突发事件（如火灾、自然灾害、盗窃等），提升应急响应能力至关重要。企业应编制完善的应急响应预案，并按计划开展实战演练，确保全员熟练掌握应急措施。通过建立高效的通信系统，确保在危机发生时能够快速传达信息，降低事故对人员和财产的损害。

7. 推动安全文化建设

营造浓厚的安全文化氛围，使每位员工都参与安全管理，是保障安全管理持续有效的关键。通过定期举办安全知识宣传活动、分享安全案例和推广最佳实践做法，提升员工的安全意识，让他们认识到个人行为对整体安全的影响。鼓励员工提出安全建议和意见，形成全员参与的安全管理体系，增强员工的安全责任感。

通过实现上述目标，智慧仓储不仅能够构建一个安全、可靠、高效的物流环境，还能为企业的可持续发展奠定坚实的基础。随着科技的进步，仓库安全管理将不断完善，以应对日益复杂的物流挑战，促进整体产业的健康发展。

第二节　仓库安全管理的内容

仓库作为物资集散、储藏与保管的核心场所，承载着大量高价值物资，是供应链体系中的关键枢纽。仓库安全管理是以仓库系统为对象，围绕安全目标开展的决策、计划、组织与控制等系列活动。由于仓储物资兼具经济价值与实用价值，一旦遭遇火灾、爆炸等重大灾害事故，不仅仓库建筑、设施设备将遭受毁灭性破坏，库内物资也会化为乌有，引发的连锁反应和经济损失难以估量。因此，仓库安全管理必须作为各项工作的重中之重，企业应始终保持高度警惕，通过系统化、常态化的防范措施，筑牢安全防线，确保仓储运营万无一失。

一、仓库安全管理的重要性

仓库安全管理是企业稳健运营的基石，其重要性贯穿人员保护、财产安全、运营效能、法律合规及团队建设等多个维度。

1. 守护员工生命健康

仓库作业场景复杂，涉及重型设备操作、大宗货物搬运及化学品接触等高风险环节。缺乏规范管理易引发机械伤害、物体打击等安全事故。通过制定严格的安全标准、开展系统性培训，可有效降低事故风险，为员工构筑生命安全屏障。

2. 保障企业财产安全

仓库作为企业物资与设备的核心储存地，储存物资价值巨大。盗窃、损坏或遗失等问题将直接造成经济损失。部署智能监控系统、优化物品出入库管理流程，能够形成全流程防护体系，最大程度降低财产损失风险，维护企业经济利益。

3. 提升整体运营效率

安全隐患若未及时排除，可能导致生产中断、物流延迟等连锁反应，严重干扰供应链正常运转。构建科学的安全管理体系，可保障作业流程顺畅无阻，减少因安全事故导致的停工损耗，显著提升仓储运营效率与响应速度。

4. 确保企业合规经营

遵守国家及行业安全法规是企业的法定义务。若安全管理不达标，企业将面临罚款、诉讼及资质受限等法律风险，损害品牌声誉。严格落实法规要求，不仅能规避法律责任，更有助于树立企业合法经营、值得信赖的社会形象。

5. 激发团队工作活力

安全稳定的工作环境是员工安心履职的前提。当员工无须担忧安全问题时，其工作积极性与创造力将得到充分释放，团队协作效率显著提升，进而增强企业凝聚力与核心竞争力。

综上所述，强化仓库安全管理，既是对人员生命与企业财产负责，更是推动企业实现可持续发展、加强行业竞争优势的关键。

二、仓库安全管理的主要内容

（一）仓库治安保卫管理

仓库治安保卫管理的基本原则：预防为主、严格管理、确保重点、保障安全和主管负责制。仓库治安保卫管理的内容概括来讲，包括执行国家治安保卫规章制度，防盗、防抢、防破坏、防骗，维持仓库内的秩序，防止意外事故，协调与外部的治安保卫关系，保证库内人员生命安全与物品安全。具体来说，仓库治安保卫管理工作主要有以下几个方面的内容。

1. 建立治安保卫管理制度

制定仓储企业的治安保卫管理制度，包括企业安全防火责任制度、安全设施设备保管使用制度、门卫值班制度、人员和车辆进出库管理制度、保卫人员值班巡查制度等。

2. 做好仓库大门和重点场所的守卫工作

限制无关人员进入仓储企业，接待办事人员时要严格审核其身份；检查入库人员、车辆是否符合防火要求；有序指挥车辆安全出入，做好入库车辆登记和出库车辆核查，妥善收留出入证；仔细查问并登记出库人员随身携带的物品；针对危险品仓、贵重品仓、特殊品仓等重点区域，安排专职人员进行 24 小时值守看护。

3. 做好治安检查工作

采用定期与不定期检查相结合的方式进行治安检查。指导班组每日安全检查、部门每周安全检查、仓库每月安全检查等工作。

4. 加强巡逻检查工作

安排巡逻人员不定时、不定线、经常性巡视。一般安排两名保安员做伴巡视，巡视过程携带保卫器械和强力手电等工具。按照规定流程盘查和询问可疑人员、过夜的车辆；检查是否关闭门窗、电源，库内有无异常情况。如发现可疑情况，立即向上级汇报，并按照应急预案采取相应措施。

5. 配备和使用防盗设施

配备并合理使用各类防盗设施，如安装视频监控设备、自动报警装置、防盗门窗、电子门禁系统等，特别是对围墙、大门和重点部门的门窗进行无死角监控。同时，建立防盗设施的日常维护、检查制度，定期对设备进行保养和测试，确保设备正常运行，并明确监控数据的保存期限和管理要求。

6. 制定治安应急预案

制定单位的治安应急预案，确定应急人员的职责，规定发生事件时的信息发布和传递方法。按照应急预案定期进行演习，并对应急演练效果进行评估，收集参演人员和相关部门的反馈意见，根据实际情况对应急预案进行修订和完善。

（二）仓储作业安全管理

1. 建立安全操作管理制度

制定科学合理的仓储作业安全制度、操作规程和安全责任制度，通过严格的监督机制，确保各项管理制度得以全面落实。

2. 加强劳动安全保护

按照《中华人民共和国劳动法》相关规定，为作业人员配备合适且充足的劳动防护用品，并督促其规范使用。作业时优先选用安全系数高的设备、机械和工具，确保作业场地符合安全作业条件。在大风、雨雪等不安全环境下暂缓作业，严禁作业工人带伤病上岗。

3. 重视作业人员资质管理和业务培训

对新员工和转岗员工进行岗前培训，帮助其熟悉仓储作业流程和操作方法。对于特种作业岗位，作业人员须经过专门培训并取得特种作业资格证书后，方可上岗作业。

4. 严格人工作业和机械操作的安全规范

按照"以人为本、安全第一、规范操作"的原则，规范人工操作流程。纯人工作业应限定在轻负荷且安全的环境下进行，作业前员工须清楚作业要求，熟悉作业环境，按规定穿戴安全防护用具，选用合适的作业器具。作业现场由专人（保管员或理货员）进行指挥，严格按照安全规范开展作业指挥，并合理安排工作人员工间休息。机械操作过程中，一旦发现安全隐患应立即停止作业。设备调整期间暂停操作，隐患彻底消除后再恢复作业。

总之，要树立设备良好、专人操作、规范作业的机械作业意识。作业时选用合适的机械设备，全程采取必要的保护性措施，杜绝设备超负荷运作。坚持专人操作、专人指挥，使用规定的指挥信号，严格按规范进行作业指挥。

（三）仓库消防安全管理

仓库的消防安全管理工作遵循"预防为主，防消结合"的宗旨，按照《中华人民共和国消防法》和《仓库防火安全管理规则》开展工作，全面做好消防规划、消防管理组织建设、消防检查监督、消防日常管理、消防应急处置和演习等工作。

（1）坚持"谁主管谁负责"的原则。企业法人作为第一责任人，须成立消防安全领导小组，全面统筹仓库的消防安全工作。同时建立以岗位责任制为核心的层级防火责任制，将防火安全工作具体落实到各级组织和具体责任人。

（2）建立健全各岗位安全操作制度和安全操作规程，特别是要严格规范用电安全作业规程。库存物资和设备的消防操作必须符合防火防爆要求，确保电气设备始终符合规范，明火作业须经安保部门审批。此外，持续开展消防安全教育，严格执行职工考核合格持证上岗的制度。

（3）定期开展防火灭火专项检查，及时排查并消除各种火灾隐患，切实落实各项消防措施。

（4）根据建筑设计防火规范，结合仓库的规模、性质和特点，定量配备消防设备和火灾报警装置，并定期进行维护和保养，确保其时刻处于良好运行状态。

（5）仓储安全管理工作要以消防工作为核心，认真贯彻"预防为主"的方针，确保人身、商品和设备的安全。

三、仓库安全管理的关键点

仓储安全对企业来说至关重要。一个良好且有序的仓储安全管理系统可以确保物品的安全存放，防止意外事件发生，减少损失并提高工作效率。下面从六个方面介绍仓库安全管理的关键要点。

（一）场地选择

仓储场地的选择是所有仓库安全管理的首要环节。合适的场地应符合以下要求。

（1）场地位置：远离火源、易燃物及有害物质；不靠近居民区或人流密集的地区，以避免安全风险的扩大。

（2）场地环境：地面平整坚固，无油渍、杂草等；保持良好的通风条件。

（3）建筑结构：耐火、防潮、防震；应具备有效的入侵防护设施，如围墙、摄像监控设备等。

（4）设备配套：配备灭火器、消防栓及其他安全设施；灭火系统应安装并定期维护，逃生通道应畅通。

（二）设备设施

（1）仓储设备：选择适合所存物品的仓储设备，并合理布置，确保通道畅通，减少人员行走和搬运物品时的安全隐患。

（2）明确标识：使用明确的标识，标示出货物的存放位置、重量限制、堆放高度和安全注意事项等，以避免人为疏忽导致的事故。

（3）电气设备：确保电气设备符合安全规范，定期对其进行维护和检查；严禁私拉乱接电线，避免电气火灾风险。

（4）照明与通风：配备充足的照明和通风设施，营造良好的工作环境，降低因光线不足、空气不畅引发的人为操作失误及安全事故风险。

（三）作业规范

（1）货物装卸：规范货物装卸操作流程，配备合适的装卸工具，切实保障员工作业安全。

（2）堆放与储存：严格遵循规定的堆放高度和安全储存要求，防范货物滑落、倒塌、自燃等意外事故发生。

（3）检查与记录：定期检查仓库设施设备运行状况，对存在问题的设备及时维修或更换；建立完善的记录系统，详细记录仓库设备、货物储存和日常检查维护等情况。

（四）人员管理

（1）培训与教育：组织员工参加系统的培训，内容涵盖仓库操作规范、安全事故防护、应急预案等，确保员工熟练掌握必要的安全知识和技能。

（2）安全意识培养：培养员工的安全意识，让员工时刻保持警惕，自觉遵守各项安全规定。

（3）奖惩机制建设：建立奖惩机制，鼓励员工积极参与安全管理工作，同时对违反规定或对安全事故负有责任的员工，依规予以纪律处罚。

（五）应急预案

制定应急预案是仓库安全管理的重要组成部分。应急预案应包括以下内容：火灾事故的预防和处置；意外泄漏、有害气体中毒和化学品泄漏的应对措施；地震、洪水等自然灾害的安全疏散计划；爆炸、泄漏等重大事故的紧急通知和报警流程；员工伤害事故的应急救治措施。

（六）培训与演练

定期组织安全培训和演练活动，持续提升员工的安全意识和应急处置能力。根据实际情况，定期开展消防、急救培训和逃生演练，以确保员工能够正确应对各类突发事件。

仓库安全管理的关键要点涉及场地选择、设备设施、作业规范、人员管理、应急预案、培训与演练等方面。企业应建立健全的仓库安全管理体系，不断强化相关措施并深化培训工作，以确保仓储作业安全、高效运行。唯有如此，企业才能有效降低损失，提高仓储效率，切实保障员工生命安全。

第三节　智慧仓储系统的安全管理与技术

一、智慧仓储系统的安全管理

（一）信息系统的安全管理

信息系统的安全管理指对信息系统的安全性进行全面规划、实施和监控，以保护数据和系统免受各种威胁和攻击。随着信息技术的迅速发展和数字化转型的加速，信息系统面临的安全挑战更加复杂多样，涉及网络安全、数据保护、身份权限管理等多个方面，具体如下。

1. 网络安全

网络安全是信息系统安全管理的核心问题之一。当前，黑客攻击、恶意软件、网络钓鱼等网络威胁日益严重，企业需要构建强有力的网络防护体系。这包括部署防火墙、入侵检测系统和运用加密技术等，以防止未授权访问和数据泄露。此外，定期进行安全审计和漏洞扫描，及时发现并修复潜在的安全隐患，也是确保网络安全的重要举措。

2. 数据保护

数据保护是信息系统安全管理的关键环节。随着数据量的急剧增加，企业必须制定并实施有效的数据备份和恢复策略，确保在数据遭遇丢失、损坏等意外情况时能够迅速恢复。同时，应用数据加密技术能够有效防止敏感信息在传输和储存过程中被窃取。此外，建立完善的数据分类和访问控制机制至关重要，可以保障只有获得授权的用户才能访问敏感数据，从而降低数据泄露的风险。

3. 身份权限管理

身份认证、访问控制和权限管理是抵御内外部威胁的关键措施。通过采用多因素认证、单点登录和细粒度权限管理等方式，可以有效提升用户身份验证的安全性，减少因账户被盗造成的损失。

4. 安全意识培训

用户往往是信息安全防线中最薄弱的一环，通过定期开展培训和模拟演练，能够增强员工的信息安全意识，提高其对网络钓鱼等常见威胁的防范能力。

总之，信息系统的安全管理是一个复杂且动态的过程，企业需要从技术、流程和人员等多个层面进行综合考虑和实践。只有建立起全面、系统的信息安全管理体系，才能有效应对日益严峻的安全挑战，切实保护企业的核心资产，保障业务的连续性。随着技术的发展，信息系统安全管理的策略和工具也须持续优化升级，以应对新的威胁和风险。

（二）智能设备的安全管理

智能设备的安全管理指对仓库内的智能设备（如自动存取系统、传感器、机器人、RFID 系统等）进行综合管理与保护的过程，旨在确保设备的安全性、可靠性和数据完整性。智能设备安全管理的主要内容包括以下几个方面。

1. 设备保护

从物理层面和网络层面双重防护，防止智能设备遭受未经授权的访问、损坏或操控。物理层面通过防盗、防破坏等措施保障设备安全；网络层面则利用防火墙和入侵检测系统抵御网络攻击，防止数据被篡改。

2. 数据安全

智能设备收集和处理的库存信息、运输数据等大量数据，须在传输和储存过程中进行加密保护，防止泄露、篡改或丢失。同时，定期进行数据备份，以防止因设备故障或网络攻击造成的数据丢失。

3. 风险评估

定期对智能设备的潜在安全风险进行评估，通过安全审核、漏洞扫描和渗透测试等方式识别漏洞和威胁，并制定相应的应对策略，及时排除安全隐患。

4. 合规性管理

确保智能设备的使用符合《中华人民共和国网络安全法》等相关法律法规和行业标准，以降低法律风险和合规成本。企业应定期自查操作合规性，并根据法规变化及时调整。

5. 监控与响应

部署实时监控系统，对智能设备的运行状态、性能指标及安全事件进行跟踪。确保在发生异常情况时，能够迅速做出响应，及时处理故障或安全事件，减少潜在损失。同时，制订详细的应急响应计划，明确各角色的责任与行动步骤，以便在突发事件中高效应对。

6. 培训与意识提升

对员工开展智能设备安全管理培训，通过定期培训和演练，增强员工的安全意识，提高他们对安全问题的认识和处理能力。确保员工严格遵循安全操作规程，降低人为失误风险。

7. 持续改进

在技术不断进步和安全威胁不断变化的背景下，安全管理策略应保持灵活性和适应性。定期审查和更新安全措施，结合新的安全威胁、行业最佳实践及技术进步，优化安全管理体系。

通过以上措施，智能设备安全管理不仅能够保障设备自身安全和功能稳定，还能确保仓库运营高效、安全，助力企业在市场竞争中保持竞争力。

二、安全管理中的智能技术

（一）仓库智能安防系统

仓库智能安防系统是一套综合性的安全解决方案，通过整合现代科技手段，全方位提升仓库安全管理水平。该系统集成了视频监控、入侵报警、访问控制及环境监测等技术，为仓库内的物品提供全面保护。

视频监控系统是仓库智能安防系统的核心组成部分。在仓库的关键区域部署高清摄像头，可实现 24 小时不间断实时监控，确保无死角覆盖。借助人工智能视频分析技术，系统可以自动识别未经授权的入侵、遗留物品等异常行为，并立即发出警报。

入侵报警系统通过红外探测器和门窗传感器实时监测，能够快速响应非法闯入事件。同时配备紧急报警按钮，便于员工在紧急情况下迅速发出求助信号，保障人身安全。

访问控制系统运用生物识别技术和 IC 卡，严格管理人员的进出权限，确保仅授权人员能够进入仓库。

环境监测功能同样不可忽视，温湿度传感器能够实时监控仓库内的环境变化，有效防范因温湿度异常导致的商品损坏。所有监控视频和报警数据可以自动上传至云端，便于管理人员随时查看与分析，大幅提升应急响应效率。

通过以上综合措施，仓库智能安防系统不仅能有效预防盗窃、破坏等安全威协，还能提高整体管理水平。智能安防系统可以保障安全运营，为企业的可持续发展筑牢安全防线，也助力企业营造安全、稳定的经营环境。

（二）火灾自动报警系统

火灾自动报警系统是 20 世纪 80 年代以来，随着计算机及自动控制等技术的发展而发展起来的一种报警技术。该系统通过对火灾特征进行实时监测，能够迅速发出声、光、电报警信号，联动灭火措施，并通过网络将相关信息传递到公安消防队。其具有自动报警、自动灭火、内外联动的特点，大大降低了火灾发生的概率和灾害损失。

火灾自动报警系统主要由火灾探测器、火灾报警控制器和集中控制器构成。火灾探测器实时监视火源事故特征，并将检测的结果或数据传输给火灾报警控制器；火灾报警控制器负责接收、显示探测器数据及火灾报警信号，并对数据进行处理、分析和判断，在符合条件时触发报警，同时与联动控制设备通信，驱动消防设备自动灭火；集中控制器接收来自火灾报警控制器的报警信息，对整个保护区域及火灾报警控制器进行全面监视，同时对火灾报警控制器进行管理，协同工作，提升整个系统的可靠性。

（三）机房环境监控系统

机房环境监控系统是现代信息技术基础设施中不可或缺的一部分，它负责实时监测和管理机房内部的环境参数，以确保服务器等设备的安全、稳定运行。这个系统通常涉及温湿度监测，电源监测，烟雾、水浸监测，远程监控能力等。

1. 温湿度监测

服务器等设备在特定环境条件下才能发挥最佳性能。温度过高会导致设备过热，从而影响工作效率，甚至引发硬件故障。湿度过高则可能导致电路短路和腐蚀。因此，机房环境监控系统通过传感器实时采集数据，并将其反馈至中央控制平台，确保机房环境始终处于理想状态。

2. 电源监测

机房的电源供应必须稳定，任何电力中断或波动都可能导致数据丢失或设备损坏。机房环境监控系统可以实时检测电压、电流等电源状态，一旦出现异常，便立即发出警报，确保维护人员能迅速采取措施。

3. 烟雾、水浸监测

烟雾、水浸监测是保护机房安全的重要组成部分。烟雾传感器能在火灾初期及时预警，降低火灾风险；而水浸检测器则能实时监测漏水情况，避免因水灾造成的设备损坏。

4. 远程监控能力

现代机房环境监控系统普遍具有远程监控功能，支持管理员通过移动设备或计算机实时查看机房状态。这种远程管理模式不仅提高了管理效率，还能在出现异常情况时，快速响应并采取措施，最大限度减少损失。

总之，机房环境监控系统通过全面监测和智能预警，为信息系统的安全运行提供了有力保障。它在提升机房管理水平、降低故障风险及保障业务连续性方面，发挥着至关重要的作用。通过高效的数据处理和分析，机房管理人员能够做出更加科学的决策，从而优化资源配置，提高机房的整体运作效率。

(四) 智能仓库监测系统

智能仓库监测系统是一种集成现代信息技术与自动化管理理念的先进解决方案，旨在提升仓库管理的效率、安全性和灵活性。该系统利用传感器、物联网技术、数据分析和人工智能等多种技术手段，实现对仓库内部环境、库存状态和物流动态的实时监控与管理。

1. 系统架构

智能仓库监测系统通常由传感器、数据采集设备、数据存储与处理单元、智能分析与决策单元及终端显示与控制单元等部分组成。传感器主要负责对环境参数（如温湿度、气体浓度等）、设备状态（如货架载重、机械运行状态等）及货物信息（如储存位置、数量等）进行实时监测；数据采集设备负责将传感器采集到的数据进行采集和传输；数据存储与处理单元负责对大量的数据进行存储、处理和分析；智能分析与决策单元负责对监测数据进行智能分析和决策；终端显示与控制单元负责将监测到的数据和分析结果以图形化界面展示给用户，并且实现对仓储系统的远程控制。

2. 功能优势

智能仓库监测系统具有多种功能优势。首先，通过对环境、设备和货物的实时监测，系统能够预警并及时处理安全隐患，大大提升了仓储作业的安全性。其次，系统能够实现对仓储作业全流程的可视化、自动化管理，提高了仓储作业的效率和准确性。最后，系统能够通过对监测数据的智能分析，不断优化仓储作业流程和方案，从而降低成本，提高收益。

3. 应用场景

智能仓库监测系统适用于普通物流仓库、生鲜冷链仓库、危险品仓库等各种类型的仓储场景。在普通物流仓库中，系统能够实时监测货物的储存状态和流动情况，提高了货物的周转率和仓储空间的利用效率；在生鲜冷链仓库中，系统能够对温湿度等环境参数进行精确监测和控制，保障生鲜产品的质量和安全；在危险品仓库中，系统能够及时发现并处置危险品的安全隐患，保障人员和设备的安全。

4. 智能化发展

随着物联网技术、人工智能技术和大数据技术的不断发展，智能仓库监测系统也将不断完善和升级。未来，系统将进一步强化对仓储环境、设备和货物信息的智能化感知，不断提升系统的自适应性和智能化水平。同时，系统还将与供应链管理、订单管理等其他仓储系统进行深度融合，共同构建智能化、高效化的仓储管理体系。

总之，智能仓库监测系统通过全面的数据采集、智能分析和自动化管理，为现代仓储管理提供了强有力的支持。它不仅提升了仓库的运营效率，还增强了对环境和安全的控制能力，使企业在激烈的市场竞争中更具优势。随着技术的不断进步，智能仓库监测系统将会在未来的物流和仓储领域发挥更加重要的作用。

本章小结

本章首先对仓库安全管理的概念、任务和目标进行介绍，并介绍传统仓库安全管理的主要内容和关键点，然后对智慧仓储系统的安全管理进行介绍，进而引出智慧仓储安全管理相关要求和安全管理的智能技术应用。

练一练

1. 简述仓库安全管理的主要内容。

2. 简述智慧仓储系统安全管理的内容。

3. 如何理解仓库智能安防系统？结合自身理解具体说明其在仓库环境中的主要用处。

4. 简述安全管理中的智能技术。

第八章　仓储商务与绩效管理

学习目标

- 掌握仓储商务管理的概念和目的。
- 掌握仓储商务管理的内容。
- 熟悉仓储合同的主要条款。
- 掌握并能运用智慧仓储绩效指标来进行评价。
- 培养敬业和奉献的精神。
- 培养职业使命感和与时俱进的科学素养。

导入案例

京东新专利

2024年12月，金融界报道，北京京东尚科信息技术有限公司与北京京东世纪贸易有限公司取得一项名为"确定物品进货量的方法和装置"的专利，专利授权公告号为CN110956478B，申请日期为2018年9月。这项创新将为京东的供应链管理带来重要变革，进一步优化其物流和库存管理能力。

这项专利的核心功能是通过先进的数据分析和预测模型确定商品的进货量。这意味着，未来京东在进行商品采购时，能够基于历史销售数据、市场趋势及消费者行为，制订更加科学合理的进货计划。这一方法不仅提高了库存周转率，还能有效降低因备货不足或过剩导致的损失。

在电商行业，供应链的高效运作是核心竞争力之一。随着消费者对购物体验要求的提高，及时满足市场需求变得越来越重要。京东凭借这项专利，将能够实现更加精细化的库存管理，及时响应消费者的需求，提升整体用户体验。

讨论：物流领域的创新对企业绩效提升的作用。

第一节　仓储商务管理

一、仓储商务管理的概念与目的

（一）仓储商务管理的概念

仓储商务是指仓储经营人利用其仓储保管能力，向社会提供仓储保管服务并获取经济收益的交换行为。这是一种商业行为，主要发生在营业性仓储活动中。

仓储商务管理是指仓储经营人对仓储商务活动进行计划、组织、指挥、控制的过程。

（二）仓储商务管理的目的

仓储商务管理是为了有效利用仓储资源，最大限度获取经济收益并提升经济效益。具体表现在以下几个方面。

1. 满足社会需要

仓储企业的商务管理是为了通过仓储服务，向社会提供尽可能多的仓储产品，满足市场对仓储产品的需要。仓储商务管理的任务在于积极开发市场，适应市场需求的变化，提高服务水平，合理控制价格，增强产品竞争力，推动交易达成，使产品被更广泛的市场和客户所接受。

2. 充分利用企业资源

在有效的仓储管理之下，企业在获得大量商业机会的同时，须履行相应服务义务，这就需要企业充分调配人力、物力、财力等资源，高质量完成仓储任务，实现资源的最大化利用。

3. 降低运营成本

成本的高低是决定企业竞争力的关键因素。在激烈的市场竞争环境中，仓储商务管理不仅要追求高回报，还要借助先进的经济管理理论、现代化技术和有效的经营策略，严格控制和削减成本，从而提高企业的市场竞争力。

4. 防控经营风险

一般来讲，企业的经营风险大部分来自商务风险，高水平的商务管理应尽力规避商务风险与责任事故的发生，建立有效的风险防范机制，妥善处理协议纠纷，这是仓储商务管理的重要任务。仓储商务管理的最终目标是保障企业可持续发展。

5. 塑造企业形象

商务活动的每一项工作都会对企业形象产生直接影响。例如，商务人员在对外交往过程中，其一言一行往往代表着企业形象，关系到客户对企业的信赖程度。因此，仓储商务管理需要建立一支精明能干、业务熟练的仓储商务队伍，树立值得信赖、专业高效的企业形象。

二、仓储商务活动的内容

仓储商务活动的主要内容有仓储市场分析、商业机会选择、商务磋商和合同签订、仓储合同履行、争议处理和风险控制、企业发展策略制定等。

（一）仓储市场分析

仓储市场分析包括市场信息的收集与分析。仓储企业有关人员及时收集市场中的热点、难点问题，以及客户的意见、建议等，并对其加以分析，这对企业管理者做出经营决策具有一定的参考价值。收集市场信息要注意以下几个方面。

1. 明确信息收集的目的和方向

仓储企业的市场部门要认真领会决策层的意图，围绕上级工作要求收集市场信息。所收集的市场信息应紧扣近期工作重点，关联企业当前的方针、政策，且在上级决策范围之内。

2. 制订市场信息的收集计划

计划要明确信息的获取源、获取渠道及可信程度等。如果信息量过大，也可以按一定的比例从中抽取有代表性的样本进行研究。

3. 要坚持群众性、深入性、广泛性原则

市场信息源于消费者，收集市场信息不仅要有群众性，还要具有深入性，要挖掘出表面现象之后的深层次规律。同时，收集市场信息不能局限于某个方面，应该是全面、广泛的。

4. 要有捕捉市场信息的敏锐性

市场信息千变万化，商机稍纵即逝。收集市场信息时要提高敏锐性，要有对市场上存在的各种问题和矛盾的敏锐反应力，及时捕捉有价值的市场信息。

5. 信息的多元化和信息数量与质量的结合

收集市场信息既要收集企业各项政策的贯彻、执行情况，也要收集零售客户反馈的意见、建议，以及他们关注的热点、难点问题，使市场信息的收集向"多元化"方向发展。同时，要正确处理好市场信息的数量和质量之间的关系，既要有数量也不能忽视质量。

6. 对市场信息进行甄别、筛选

面对收集到的市场信息，市场部门要分层次、分角度、全方位地进行筛选，在分析研究的基础上，提出对解决问题具有参考价值的意见、办法。也就是说，企业要按照一定的程序和方法，对市场信息进行鉴别、分析、编组、评价，使之成为反映某一现象特征的，对解决某一问题有用的、适合某种目的的具有新形式的信息。

企业对市场信息的分析主要侧重于行业规模、市场容量、消费群体、主要竞争对手及其主要竞争产品等方面。该阶段的主要任务有：分析预测市场对项目产品的需求量，分析同类产品的市场供给量及竞争对手情况，初步确定生产规模。初步测算项目的经济效益等。

（二）商业机会选择

商业机会的吸引力指企业利用该机会所能创造的最大利益，体现了企业在理想条件下利用该机会的收益上限。反映商业机会吸引力的关键指标主要包括市场需求规模、利润率、发展潜力等。

商业机会的可行性，是指企业将商业机会转化为实际利益的可能性，其受企业内外部环境的共同影响。企业的经营目标、经营规模、资源状况、内部协调能力及信息系统建设等内部环境，是决定企业是否能够把握商业机会的核心要素，技术革新、市场吸引力、顾客需求变化、竞争状况、环境保护要求和国家政策等外部因素，则客观上影响着商业机会可能性的大小。

企业在对商业机会完成识别和评估后，还需要进一步判断该机会是否契合自身目标，是否与自身资源、经济实力和能力相匹配，能否充分发挥自身竞争优势，从而获取差异化利益。

（三）商务磋商和合同签订

经过对商业机会的评估，仓储企业需要与潜在客户进行商务磋商，决策者应本着客观、实事求是的原则，向客户充分展现企业优势，推动潜在客户转化为实际客户。如果双方达成了合作意向，则需要签订商务合同，即仓储合同。

（四）仓储合同的履行

仓储合同签订后，随即进入履行阶段，主要包括仓储企业的货位准备、客户货物入库、保管人接货、在库保管保养及货物出库等一系列活动。

（五）争议处理和风险控制

争议处理是存货人和保管人就存货的质量和数量、服务提供的时间、结算的方式及费用等方面产生分歧时所采取的协调解决措施。为妥善解决争议，最好在仓储合同中明确约定处理方式。同时，仓储企业还应防范其他经营风险，如仓储费用拖欠、仓储合同履行后未达预期效益等问题。特别是对于购销型的仓储企业而言，更应该注意风险管控，构建完善的风险控制指标体系，全方位防范商务风险的发生。

（六）企业发展策略制定

仓储企业可围绕核心竞争力，结合自身仓储服务业务，参考以往的经营业绩，制定企业的可持续发展策略。在当前市场环境瞬息万变的情况下，仓储企业需要细化服务内容，主动挖掘市场机会，摒弃"等靠要"的传统思想，积极适应市场经济的竞争环境，逐步向现代物流企业的方向转型。

三、仓储合同管理

（一）仓储合同的定义

仓储合同是保管人储存存货人交付的仓储物，存货人支付仓储费的合同。在仓储合同关系中，提供储存保管服务的一方称为保管人（也称仓库经营人），接受储存保管服务并支付报酬的一方则称为存货人。

仓储合同属于保管合同的特殊类型。在 1999 年《中华人民共和国合同法》颁布前，我国曾将仓储合同纳入保管合同范畴，统称为仓储保管合同。但由于仓储合同具有区别于一般保管合同的仓库营业特性，1999 年《中华人民共和国合同法》将其确立为独立的有名合同。如今，《中华人民共和国合同法》已废止，相关内容被整合至《中华人民共和国民法典》合同编中，仓储合同依然作为独立有名合同存在，其法律规定继续保持相对独立性和特殊性。

（二）仓储合同的特征

（1）仓储合同具有较强的专业性。仓储合同中的保管人必须是拥有仓储设备并从事仓储营业的人，多为专门从事仓储业务的法人或组织。

（2）仓储合同的标的物为动产，房屋、土地等不动产不属于仓储合同的对象。

（3）仓储合同为诺成合同。仓储合同自成立时起生效，这也是仓储合同区别于一般保管合同的重要特征。

（4）仓储合同为不要式合同，既可以采用书面形式，也可以采用口头形式。但在实际业务中，基于明确权责和防范纠纷的需要，多采用书面形式。

（5）仓储合同为双务、有偿合同。保管人负有提供储存、保管的义务，存货人则须承担支付仓储费的义务。

（6）仓单是仓储合同的重要凭证。储存物资后，仓库经营人应向存货人出具仓单，仓单持有人可凭此提取仓储物。

（三）仓储合同的主要条款

仓储合同的主要条款包括但不限于以下内容：保管货物的品名、品类；货物的数量、质量和包装；货物验收的内容、标准、方法和时间；对货物保管的要求；货物进出库的手续、时间、地点和运输方式；货物损耗标准和损耗处理；计费项目、标准，结算方式、银行、账号、时间；责任划分和违约处理条款；合同的有效期限；合同变更和解除；争议的解决方式等。

1. 保管货物的品名、品类

由于仓储合同的标的物是委托储存保管的货物，对于存货人来说，无论其为特定物还是种类物，均具有特定用途，保管人不但应妥善保管，而且在保管期满后应当按约定将原物及其孳息交还存货人或其委托的第三人。因此，必须在合同中对货物的品名和品类做出明确和详细的规定。

2. 货物的数量、质量和包装

货物的数量一般依据保管人的储存能力由双方协商确定，并应以法定计量单位计算。货物的质量应根据国家或者有关部门规定的质量标准标明，如货物有保质期的，也应一并说明。货物的包装一般由存货人负责。有国家或者专业包装标准的，执行规定标准；没有有关标准的，在保证运输和储存安全的前提下，由合同当事人约定。

3. 货物验收的内容、标准、方法和时间

验收工作由保管人负责。通常验收的内容包括三个方面：一是无须开箱拆捆即直观可见的质量情况，主要有货物的品名、规格、数量、外包装状况等；二是包装内的货物品名、规格、数量，依据外包装或者货物上的标记为准，无标记的，以供货方提供的验收资料为准；三是散装货物按国家有关规定或合同的约定验收。具体的验收方法和期限应在合同中明确约定。

4. 对货物保管的要求

存货人委托储存保管的货物种类繁多，性质各异，因而对保管的要求也各不相同。一些需要特殊保管条件和保管方法的货物，如易燃、易爆、有毒、有腐蚀性、有放射性等的危险物品或者易变质物品，需要有专门的仓储设备及技术条件，应在合同中进行相应的约定。存货人应向保管人说明该物品的性质并提供有关资料，以免发生货、仓毁损或者人身伤亡。

5. 货物进出库的手续、时间、地点和运输方式

货物进出库相关条款是仓储合同的重要内容，双方应当详细约定具体的交接事项，以便分清责任。对于货物入库，应当明确规定是由存货人或运输部门、供货单位送货到库，还是由保管人到供货单位、车站、码头等处提取货物；同样，对于货物出库，也应明确规定是由存货人、用户自提还是由保管人代送、代办发送手续。无论采用何种方式，都应按照货物验收规定当面交接清楚，分清责任。

6. 货物损耗标准和损耗处理

货物损耗标准是指货物在储存、运输过程中，由于自然因素（如干燥、风化、散失、挥发、黏结等）、货物本身性质或度量衡误差等，不可避免地会发生一定数量的破损或计量误差。有关部门对此做出规定或者由合同当事人商定货物自然减量标准和合理磅差（一般用百分比或千分比表示），自然减量标准和合理磅差统称为损耗标准。因此，合同双方有必要在合同条款中约定货物在储存保管和运输过程中的损耗标准，有国家或行业标准的，采用国家或行业标准，无国家或行业标准的，双方自行协商确定标准。

7. 计费项目、标准，结算方式、银行、账号、时间

计费项目主要包括仓储保管费等各种费用。同时，还应明确各种费用的结算方法、

支付方式、地点、开户银行、账号等。仓储保管费是商业仓储企业代货主保管、养护商品过程中产生的各项费用，包括商品检验、防治、倒库、晾晒、冷藏、保暖、消防、护仓、照明、保管用品、仓房租赁、委托保管等费用，以及商品畜禽的饲料费。仓储保管费的计算有按面积计算和按吨位计算两种方式。仓储保管费的结算公式为：仓储保管费（元）＝储存吨（商品实际储存吨＋其他折合吨＋合同差额吨）×相应等级费率（元/吨）。公式中的储存吨包括以下三个方面：①商品实际储存吨，指保管账或电脑上记载的商品在库保管期间逐日的储存吨数的累计数。其计算公式为：今日结存数＝昨日结存数＋今日进仓数－今日出仓数。②其他折合吨，指仓库保管账上未能反映的累计吨数，如实际摊用面积折算吨。③合同差额吨，指商品实际储存吨、待进仓吨、实际摊用面积折算吨三者之和小于仓储合同签订数的差额吨数。该部分的仓储保管费一般由存货方承担。

8. 责任划分和违约处理条款

仓储合同中可从货物入库、货物验收、货物保管、货物包装、货物出库等环节明确双方当事人的权利与义务。同时应规定违反上述义务应承担的违约责任。

9. 合同的有效期限

合同的有效期限即货物的保管期限，存货方过期不取走货物应承担违约责任。也可以不规定期限，双方约定只要存货方按日或按月支付保管费用，即可继续存放。

10. 合同变更和解除

保管方或存货方如需要对合同进行变更或解除，必须事先通知对方，以便做好相应的准备工作。因此，仓储合同中应当明确规定合同变更或解除的期限。

11. 争议的解决方式

尽管双方都不愿意出现争议的情况，但是仓储合同中需要约定争议的解决方式。出现争议时一般由双方友好协商，协商不成时，双方均有权向有管辖权的人民法院提起诉讼。

（四）仓储合同双方的权利和义务

1. 保管人的权利和义务

（1）紧急处置的权利

紧急处置是指当保管人已来不及通知存货人或者仓单持有人，或者对方对保管人的通知置之不理时，保管人在不得已的情况下，可对仓储物进行紧急处置。该权利的目的是保障其他仓储物的安全和正常的保管秩序。

（2）催告提取、提存的权利

储存期届满，若存货人或者仓单持有人未提取仓储物，保管人可以催告其在合理期限内提取，逾期不提取的，保管人可以提存仓储物。

（3）留置权

除当事人另有约定，若存货人未按照约定支付保管费及其他费用的，保管人对保管物享有留置权。所谓"其他费用"，是指保管人为保管物品实际支出的必要费用。依据《中华人民共和国民法典》，保管人在留置保管物后，除鲜活易腐等不易保管的动产外，应给予存货人不少于两个月的履行债务期限。在这段时间内，保管人仍负有妥善保管留置物的义务，因保管不善致使留置物毁损、灭失的，保管人须承担民事责任。留置期间，留置权人有权收取留置财产的孳息。所收取的孳息优先充抵收取孳息的费用。如果存货人逾期仍未履行债务，留置权人可以与存货人协议以留置财产折价，或就拍卖、变卖留置财产所得价款优先受偿。

（4）妥善保管义务

所谓"妥善保管"，就是保管人应当按照仓储合同中约定的保管条件和保管要求进行保管，并尽到管理人的责任。除另有约定外，保管人不得使用或许可第三人使用保管物，也不得将保管物转交第三人保管。

（5）具备保管条件的义务

储存易燃、易爆、有毒、有腐蚀性、有放射性等危险物品时，保管人必须具备相应的保管条件。如果保管人不具备相应的保管条件，就对上述危险物品进行储存，对自身造成的损害，存货人无须承担赔偿责任。

（6）验收的义务

保管人应当按照约定对入库仓储物进行验收。保管人验收时发现入库仓储物与约定不符的，应当及时通知存货人。保管人验收后，发生仓储物出现品种、数量、质量不符合约定的，保管人应当承担损害赔偿责任。

（7）给付仓单的义务

存货人交付仓储物后，保管人应当给付仓单。仓单是保管人收到仓储物后给存货人开具的提取仓储物的凭证，便于存货人取回或处置其仓储物。

（8）仓单上签字或盖章的义务

保管人应当在仓单上签字或者盖章。仓单应记载下列事项：存货人的姓名或名称和住所；仓储物的品种、数量、质量、包装及其件数和标记；仓储物的损耗标准；储存场所；储存期限；仓储费；仓储物已经办理保险的，其保险金额、期间以及保险人的名称；填发人、填发地和填发日期。

（9）及时通知的义务

保管人发现入库仓储物有变质或者其他损坏，或第三人对保管人提起诉讼、对保管物申请扣押时，应当及时通知存货人或者仓单持有人。

（10）催告的义务

保管人发现入库仓储物有变质或者其他损坏，危及其他仓储物的安全和正常保管的，应当催告存货人或者仓单持有人做出必要的处置。

2. 存货人的权利和义务

（1）转让的权利

存货人或者仓单持有人在仓单上背书并经保管人签字或者盖章的，可以转让提取仓储物的权利。其中，"背书"是指存货人在仓单背面或粘单上记载被背书人（受让人）名称或姓名及住所等相关事项的行为。因此，存货人转让或出质仓单时，必须在仓单上背书并经保管人签字或盖章才能生效。无论是仓单转让还是仓单出质，都应当通过法定形式才能生效。

（2）检查、提取样品的权利

存货人或者仓单持有人有权要求保管人配合检查仓储物或提取样品，保管人应当予以同意。也就是说，存货人出于了解物品储存及保管的安全程度与保管行为等目的，保管人应允许其进入仓库检查仓储物或提取样品。

（3）说明、提供资料的义务

"说明"应当在合同订立时进行，并在合同中注明。存货人除需对需要储存的危险物品及易变质物品的性质做出说明外，还应提供相关资料，以便保管人进一步了解该物品的性质，为储存该物品做好必要准备。

（4）给付仓储费的义务

储存期届满，存货人或者仓单持有人应当凭仓单提取仓储物。若存货人或者仓单持有人逾期提取，应当加收仓储费；提前提取的，若无特殊约定，不减收仓储费。

第二节　智慧仓储绩效管理

一、智慧仓储绩效管理的定义和特点

（一）智慧仓储绩效管理的定义

智慧仓储绩效管理是指运用现代信息技术与管理方法，对仓储运营的各项绩效进行系统监测、分析和优化，以提升仓库整体效率和效益的管理活动。该管理模式融合大数据、物联网和人工智能等技术，实现对库存管理、作业流程、设备运转等关键指标的实时监督。

（二）智慧仓储绩效管理的目标

智慧仓储绩效管理的目标是通过整合先进技术与数据分析，提升仓储运营的效率与灵活性，从而实现更高的库存周转率，缩短订单处理时间，并提升客户满意度。具体可分为以下几点。

（1）提升作业效率：通过智能化和自动化技术的应用，减少人工操作，提高作业效率。例如，使用 WMS 进行任务分配和货物识别，降低人工调货误差，提高工作效率。

（2）降低成本：智慧仓储通过自动化和智能化设备减少人力需求，降低运营成本。例如，使用自动化立体仓库、AGV 等设备，减少人力物力消耗，提高经济效益。

（3）增强数据分析能力：通过大数据和云计算技术，对仓储数据进行深度挖掘和分析，为管理决策提供准确的数据支持。

（4）优化资源配置：利用智能技术优化仓储布局和资源配置，提高空间利用率和货物周转效率。

（5）提高客户满意度：通过快速响应客户需求，提高发货效率和订单处理速度，提升客户满意度。

（6）保障安全：通过智能化设备和管理系统，减少高风险作业，保障员工安全，预防事故发生。

（7）透明化管理：利用区块链技术确保数据透明和不可篡改，保障数据流通效率和安全性。

（8）精细化管理：通过数字化整合仓库中的物品、信息和人员，实现流程的科学合理和高效管理。

二、智慧仓储绩效管理的步骤

智慧仓储绩效管理的步骤主要包括以下几个方面。

1. 绩效指标设定

智慧仓储绩效管理需要设定明确的绩效指标，这些指标通常包括仓储效率、成本控制、服务质量、设备利用率等。例如，仓储效率可以通过订单处理时间、库存周转率等来衡量；成本控制可以通过能耗、维护费用等来评估；服务质量可以通过客户满意度、错误率等来衡量；设备利用率可以通过设备使用时间、故障率等来评估。

2. 数据收集与分析

借助物联网技术、大数据分析等手段，仓储管理系统能够实时采集仓储过程中的各种数据，包括库存数据、设备运行数据、人员工作效率数据等。通过对这些数据的深度剖析，可以及时发现潜在问题，进而优化仓储管理流程。

3. 绩效评估与改进

基于收集的数据，仓储管理系统可以进行绩效评估，识别效率低下、成本过高等问题环节。通过分析评估结果，可以制定有针对性的改进措施，如优化作业流程、调整设备配置、提升员工技能等，从而不断提升仓储绩效。

4. 持续优化与调整

智慧仓储绩效管理是一个持续迭代的过程，需要不断优化和调整。通过引入人工智能、机器学习等技术，智慧仓储系统能够自动学习并适应新的工作模式，进一步提升仓储管理的智能化水平。

总之，智慧仓储绩效管理的步骤涵盖绩效指标设定、数据收集与分析、绩效评估与改进、持续优化与调整等环节，通过智能化手段实现仓储管理的全面优化。

三、智慧仓储绩效的评价指标

仓储绩效评价指标是反映仓库生产成果及经营状况的各项指标。它是仓储管理成果的集中体现，也是衡量仓库管理水平高低的尺度。利用该指标考核仓库经营的意义在于对内有助于加强管理、降低仓储成本，对外可接受货主定期的服务评价。

(一) 指标设定原则

智慧仓储绩效评价指标的制定应遵循的原则如下。

1. 科学性

科学性原则要求所设计的指标体系能够客观、如实地反映仓储生产的所有环节和活动要素。

2. 可行性

可行性原则要求所设计的指标便于工作人员掌握和运用，数据易于获取，便于统计计算和分析比较。

3. 协调性

协调性原则要求各项指标之间相互联系、互相制约，但不能相互矛盾或重复。

4. 可比性

在指标分析过程中需要对指标进行对比，如将实际完成与计划对比、将现在与过去对比等。因此，可比性原则要求指标在统计期间、内容等方面一致，确保具有可比性。

5. 稳定性

稳定性原则要求指标一旦确定，应在一定时期内保持相对稳定，不宜频繁变动和修改。在执行一段时间后，经过总结再进行改进和完善。

(二) 具体评价指标

智慧仓储绩效管理的具体评价指标主要包括以下几类。

1. 反映仓储作业效率的指标

（1）物品吞吐量＝一定时期内进库总量＋同期出库总量＋物品直拨量。

（2）平均收发货时间＝收发时间总和÷收发货总笔数。

（3）物品及时验收率＝一定时期内及时验收笔数÷同期收货总笔数×100%。

（4）全员劳动生产率＝仓库全年吞吐量÷年平均员工人数×100%。

（5）库存物品周转率＝全年物品出库总量÷全年物品平均储存量×100%。

（6）仓库作业效率＝全年物品出入库总量÷仓库全体员工年工作日数×100%。

（7）进出货车装卸停留总时间＝出站时间－进站时间。

2. 反映仓储作业设施设备利用程度的指标

（1）库容周转率＝出库量÷库容量×100%。

（2）单位面积储存量＝日平均储存量÷仓库或货场使用面积。

（3）仓容利用率＝储存物品实际占用空间÷整个仓库实际可用空间×100%。

（4）设备利用率＝设备实际使用台时数÷制度台时数×100%。

（5）站台利用率＝实际使用时长÷总可使用时长×100%。

（6）储区面积率＝储区面积÷仓储中心建物面积×100%。

3. 反映仓储作业质量和消耗的指标

（1）货损货差率＝收发货累计差错次数÷收发货累计总次数×100%。

（2）设备完好率＝完好设备台时数÷设备总台时数×100%。

（3）保管损耗率＝物品损耗量÷同期物品库存总量×100%。

（4）账物差异率＝（账面储存总件数－账物相符件数）÷账面储存总件数×100%。

（5）收发货差错率＝账货差错件数÷期内收发货总件数×100%。

（6）平均储存费用＝储存费用总额÷同期平均储存量。

（7）订单延迟率＝延迟交付的订单数÷总订单数×100%。

（8）紧急订单响应率＝按时处理的紧急订单数÷总紧急订单数×100%。

（9）装卸搬运劳动率＝搬运货物总量÷总工时×100%。

4. 反映仓储服务质量的评价指标

（1）客户服务水平＝满足要求次数÷用户要求次数×100%。

（2）用户满足程度＝满足要求数量÷用户需求数量×100%。

5. 反映仓储安全性的指标

物品储存的安全性指标，主要通过各类事故（如人身伤亡、仓库失火、爆炸、被盗、机械损坏等）的发生次数与损失程度来衡量。这类指标通常不进行公式计算，而是根据实际事故造成的损失大小划分等级。

四、智慧仓储绩效指标数据的获取

智慧仓储绩效指标数据的获取主要依赖于实时监控与数据分析技术。

（一）数据获取的主要来源

1. 实时数据收集

通过部署大量的传感器等，实时采集仓储过程中的各种数据，包括货物位置、温度、湿度等。这些数据的实时性、准确性和可靠性，对于仓储管理的优化至关重要。

2. 数据分析

对收集到的数据进行清洗、格式转换和储存，然后进行深度分析和挖掘，从中发现仓储运营的规律、趋势和异常情况。数据分析能够帮助仓储管理人员精准掌握仓储动态，预测市场需求变化，及时调整供应策略，从而提高销售额。

（二）数据获取的技术和手段

随着信息技术和大数据的应用，智慧仓储能够实时采集和分析大量数据，为绩效管理和决策提供支持。以下是具体的数据获取手段和技术。

1. 物联网设备

（1）RFID（射频识别）：用于追踪库存商品的实时位置、出入库情况、存放时间等。

（2）传感器：如温湿度传感器、重量传感器，可以实时监测仓库环境或货物的状态。

（3）GPS定位：用于追踪运输车辆的路径、运输时效，助力路线优化。

（4）智能货架：自动感知商品存放情况、缺货或存量信息。

2. 仓储管理系统

仓储管理系统是智慧仓储的核心工具之一，通过集成各种硬件和软件平台，自动化采集和管理库存数据。系统可以实现以下数据采集。

（1）库存管理数据：如库存数量、品种及出入库记录等。

（2）作业流程数据：如拣货、搬运、包装、发货等操作的时间和效率。

（3）员工绩效数据：记录仓库人员的工作表现，如操作速度、错误率、处理订单的准确性等。

（4）订单数据：包括订单状态、配送需求、发货记录等。

3. 数据集成平台

智慧仓储绩效数据还来源于供应链其他环节（如供应商、客户、运输公司等）。通过数据集成平台，将不同系统中的数据进行汇总、清洗、整合，实现对仓储全流程的实时监控。

（1）API（应用程序接口）：集成供应链管理系统、ERP系统等不同系统的数据。

（2）EDI（电子数据交换）：通过电子文档交换实现与供应商、运输商的数据流通。

（3）BI（商业智能）工具：使用商业智能工具来进行数据的整合、分析和可视化。

4. 视频监控与图像识别

（1）仓库安全监控：监控人员进出、货物移动，保障仓库安全。

（2）自动识别与数据采集：利用图像识别技术，自动识别货物的种类、数量和状态，减少人工输入错误。

（3）动态监控数据：实时监控仓库的货物存放、人员操作等情况。

5. 云计算

（1）云平台：实现跨区域、多设备的数据汇集、储存和分析，支持远程监控和管理。

（2）边缘计算：将数据处理前置到数据源附近，减低延迟，提高实时性，适用于对响应速度要求高的仓储作业场景。

6. 员工反馈与手动输入数据

尽管自动化设备和系统是数据采集的主要方式，但部分场景仍然需要员工反馈与手动输入数据。

（1）员工反馈：通过定期调查、访谈或反馈表，收集仓储流程中的瓶颈及优化建议。

（2）手动输入数据：在处理临时性库存、手工订单等，特殊情形时，员工仍需要输入相关数据。

通过上述多种手段，智慧仓储能够实现全面、实时、高效的绩效数据采集，帮助企业优化仓储管理，提高效率、降低成本、增强客户满意度。在实际应用中，通常会融合多种技术构建综合数据采集与分析平台，以支持全面的绩效管理和决策。

五、智慧仓储绩效目标考核与改进

绩效目标考核对企业至关重要，它不仅影响仓库的运作效率，还直接关系到整个供应链的畅通。

（一）绩效目标考核

1. 设定明确的绩效目标

根据管理学中的 SMART ［由 Specific（具体的）、Measurable（可衡量的）、Achievable（可实现的）、Relevant（相关的）、Time-bound（有时限的）五个单词的首字母组成］原则设定绩效目标。通过设定绩效目标，明确各层级与岗位的考核重点。例如，仓库员工侧重工作完成数量和质量，仓库组长关注人员管理，仓库主管负责质量管理和数据管理，仓库经理聚焦成本管理等。

2. 监控关键绩效指标（KPI）

密切跟踪库存周转率、订单准确率、拣货效率、运输成本和仓库利用率等常见 KPI，以便及时发现问题并采取改进措施，提高仓储绩效。

3. 定期分析绩效指标

企业可以利用 WMS 中的数据分析工具，定期生成报告，分析各项 KPI 表现，及时发现问题并进行调整。

4. 加强团队沟通

KPI 评估并非管理层的专属责任，仓库员工的积极参与同样重要。有效的沟通可以让每位员工明晰 KPI 的重要性，从而共同为实现这些目标而努力。

（二）提升绩效的方法

在提升绩效的方法中，标杆管理是指企业将自己的产品、服务和经营管理方式，与行业内或其他行业的领先企业进行比较和衡量，并持续学习的过程。学习对象可以是行业中的强手，也可以是其他行业的先锋单位。企业通过标杆管理提高自身产品质量和经营管理水平，增强企业竞争力。

常见标杆管理方法有以下 4 种。

1. 竞争者标杆管理

竞争者标杆管理以竞争对象为基准的标杆管理。通常在同一行业内，选取提供相似产品或服务的企业佼佼者作为标杆。竞争者标杆管理的目标是对比同行业企业在产品、服务和工作流程等方面的绩效与实践，直面竞争。这类标杆管理存在信息获取难题，除公共领域的信息外，竞争企业的其他信息较难获取。

2. 过程标杆管理

过程标杆管理也称为流程标杆管理，是以最佳工作流程为基准进行的标杆管理。它关注的是工作流程，而非某项具体业务、操作职能或实践，由承担可比较业务流程（如采购或销售）的组织设立标杆。这类标杆管理可跨不同类型组织开展，要求企业对整个工作流程和操作有深入了解。

3. 客户标杆管理

客户标杆管理就是以顾客的期望值作为标杆的管理方式。

4. 财务标杆管理

财务标杆管理是以标准财务比率（可从公开账目获取）测评的杰出组织的绩效为标杆的管理方式。

智慧仓储绩效管理在传统仓储绩效管理的基础上实现显著改进：通过应用实时数据采集技术，实现库存和作业状态的实时监控，提高数据准确性；借助大数据分析和人工智能等技术，进行动态、深度的数据分析，快速识别趋势和异常；构建更全面的 KPI 体系，纳入客户满意度和供应链协同效率等指标；建立实时反馈机制，助力管理者迅速应对问题；运用智能优化策略并加强信息共享，提升与其他业务环节的协同能力。这些改进有效提升了仓储的运营效率和市场适应能力，让企业在竞争中更具优势。

本章小结

本章介绍了仓储商务管理的概念和目的，重点介绍了仓储商务活动的内容和仓储合同。然后，介绍了智慧仓储绩效管理的步骤和相关评价指标体系，还对指标数据的获取和绩效目标改进的方法进行了阐述。

 练一练

一、思考题

1. 简述仓储商务活动的内容。

2. 简述仓储合同的主要条款。

3. 简述仓储合同双方的权利和义务。

4. 简述智慧仓储绩效管理的步骤。

5. 简述智慧仓储绩效目标的改进方法。

二、案例分析题

某年 6 月 3 日，某市盛达粮油进出口有限责任公司（以下简称盛达公司）与该市东方储运公司签订一份仓储合同。合同主要约定：由东方储运公司为盛达公司储存保管小麦 60 万千克，保管期限为同年 7 月 10 日至 11 月 10 日，储存费用为 50000 元，任何一方违约，均按储存费用的 20% 支付违约金。合同签订后，东方储运公司即开始清理其仓库，并拒绝其他有关部门在这三个仓库存货的要求。同年 7 月 8 日，盛达公司书面通知东方储运公司：因收购的小麦尚不足 10 万千克，故不需要存放贵公司仓库，双方于 6 月 3 日所签订的仓储合同终止履行，请谅解。

东方储运公司接到盛达公司书面通知后，遂电告盛达公司：同意仓储合同终止履行，但贵公司应当按合同约定支付违约金 10000 元。盛达公司拒绝支付违约金，双方因此形成纠纷，东方储运公司于同年 11 月 21 日向人民法院提起诉讼，请求判令盛达公司支付违约金 10000 元。

请分析，在上述案例中，盛达公司尚未向东方储运公司交付仓储物的情况下，是否应承担违约金 10000 元？

参考文献

［1］魏学将，王猛，张庆英.智慧物流概论［M］.北京：机械工业出版社，2020.

［2］魏学将，王猛，李文锋.智慧物流信息技术与应用［M］.北京：机械工业出版社，2023.

［3］霍艳芳，齐二石.智慧物流与智慧供应链［M］.北京：清华大学出版社，2020.

［4］韩东亚，余玉刚.智慧物流［M］.北京：中国财富出版社，2018.

［5］［美］戴维 R.安德森，丹尼斯 J.斯威尼，托马斯 A.威廉斯，等.数据、模型与决策（原书第 14 版）［M］.侯文华，杨静蕾，译.北京：机械工业出版社，2018.

［6］田源.仓储管理［M］.2 版.北京：机械工业出版社，2009.

［7］傅莉萍.仓储管理［M］.北京：清华大学出版社，2015.

［8］刘彦平.仓储和配送管理［M］.2 版.北京：电子工业出版社，2011.

［9］宫胜利，王玉卓，牛志文.仓储与配送管理实务［M］.北京：北京理工大学出版社，2012.

［10］张扬，国云星.仓储与配送管理实务［M］.北京：中国人民大学出版社，2018.

［11］柳荣.智能仓储物流、配送精细化管理实务［M］.北京：人民邮电出版社，2020.

［12］张浩.采购管理与库存控制［M］.2 版.北京：北京大学出版社，2018.

［13］齐二石，方庆琯，霍艳芳.物流工程［M］.2 版.北京：机械工业出版社，2021.

［14］操露.智慧仓储实务：规划、建设与运营［M］.北京：机械工业出版社，2023.

［15］周兴建，冷凯君.现代仓储管理与实务［M］.3 版.北京：北京大学出版社，2021.

［16］张宽海.管理信息系统概论［M］.北京：高等教育出版社，2002.

［17］黄艳丽，陈烨.物流仓储管理实务［M］.重庆：重庆大学出版社，2022.

［18］范学谦，翟树芹.现代物流管理［M］.2 版.南京：南京大学出版社，2020.

［19］张荣，张帆.智慧仓储运营［M］.北京：北京理工大学出版社，2023.

［20］胡国良.仓储与配送管理实务［M］.北京：清华大学出版社，2008.

［21］ 田源，张文杰.仓储规划与管理［M］.北京：清华大学出版社，2009.

［22］ 王猛，魏学将，张庆英.智慧物流装备与应用［M］.北京：机械工业出版社，2021.

［23］ 李百庆.探讨无人仓库技术在铁路物资管理中的应用［J］.铁路采购与物流，2021，16（5）：61-63.

［24］ 张龙杰，张晓瑜，胡慧，等.WSN的大型仓库无人化智能监控系统［J］.单片机与嵌入式系统应用，2019，19（9）：82-85，89.

［25］ 叶志伟，黄泽标，刘金盛，等.激光扫描技术在无人化仓库中定位应用分析［J］.冶金自动化，2022，46（S1）：282-285.

［26］ 张宁恩，侯振，万莹.智能仓储物流管理系统分析［J］.信息系统工程，2023（7）：24-27.

［27］ 牛国营，祁光威，侯学斌，等.自动化仓储系统智能调度管理软件设计［J］.智能制造，2022（1）：97-101.

［28］ 陈和恩，何汉武，吴悦明.VR/AR与智能制造：应用领域、核心技术［J］.机电工程技术，2021，50（2）：1-4，18.

［29］ 杨凯.基于5G技术的智慧工厂仓储物流与巡检管理研究［J］.农业装备与车辆工程，2024，62（6）：137-140.

［30］ 赵发伟，尹德林，杜征强.物流仓储管理作业中的安全管理体系建设研究［J］.中国航务周刊，2024（41）：70-72.

［31］ 刘滢.现代仓储物流企业的安全管理对策分析［J］.营销界，2019（47）：238，242.

［32］ 胡洪.提高企业仓储绩效管理的途径［J］.铁路采购与物流，2017，12（5）：64-65.

［33］ 连茜平.智慧物流背景下中小企业仓储规划难点分析［J］.商业文化，2020（27）：29-32.

［34］ 史纪.智慧物流背景下智能仓储的应用［J］.智能城市，2021，7（7）：13-14.

［35］ 林秋雄.基于物联网技术的智慧物流仓储管理研究［J］.物流工程与管理，2023，45（9）：69-71.

［36］ 杨松.Y物流公司智慧仓储实施研究［D］.北京：北京交通大学，2018.

［37］ 赵晶晶.增强现实技术在仓储拣货中的应用研究［D］.沈阳：沈阳大学，2020.

［38］ 付兆娜.多层穿梭车密集化仓储系统效率优化研究［D］.济南：山东交通学院，2022.